shiatsu pratique

Denis Lamboley

shiatsu
pratique

photographies de Pierre Javelle

• MARABOUT •

L'éditeur remercie la société Futons et Traditions.

Photographies : © Pierre Javelle
à l'exception des pages 11, 17, 19 © Photonica
Réalisation des dessins : Domino

Édition : Rose-Marie Di Domenico
Mise en page : Chrystel Arnould
Relecture : Philippe Rollet et Antoine Pinchot

ISBN : 978-2-501-03786-0
Dépôt légal : Septembre 2007
Imprimé en Italie par Rotolito
Edition n°05
40-3465-8

SOMMAIRE

INTRODUCTION

SHIATSU EST UN MOT JAPONAIS QUI SIGNIFIE LITTÉRALEMENT « PRESSION DIGITALE », IL VIENT DE SHI « DOIGT », ET DE ATSU QUI VEUT DIRE « PRESSION ». C'EST UNE FORME DE THÉRAPIE MANUELLE ET DE MASSAGE ISSUE DES DISCIPLINES DE LA MÉDECINE ORIENTALE ET DE L'ACUPUNCTURE. LE SHIATSU EST UNE TRÈS ANCIENNE PRATIQUE DE SOINS QUI SE SERT DE PRESSIONS ET DE MANI-PULATIONS POUR DÉTENDRE OU TONIFIER LE CORPS AFIN DE CONSERVER UNE BONNE SANTÉ. CETTE THÉRAPIE VISE ÉGALEMENT À SOULAGER LE MENTAL AINSI QU'À RÉAJUSTER L'ÉQUILIBRE ÉNERGÉTIQUE DU SUJET.

Le shiatsu se pratique généralement allongé sur un futon ou un matelas dur. Le patient est habillé de vêtements souples et légers, afin de permettre au praticien d'entrer directement en contact avec l'énergie sans toucher la peau. Les pressions des doigts sur les points d'acu-puncture, ou d'acupression, sont dirigées vers les couches profondes, ce qui permet de lever plus efficacement les blocages énergétiques ou tendino-musculaires mais peut quelquefois se révéler assez douloureux, surtout au début. Le massage shiatsu suit un enchaînement rigou-reux au cours duquel le praticien peut être amené à effectuer des pressions sur plus de 800 points d'acupuncture. Même si les mouvements paraissent assez simples obser-vés de l'extérieur, ils agissent en profondeur sur l'énergie vitale et à des niveaux très subtils. On peut également pratiquer le shiatsu seul, sous forme d'automassage ou de mouvements.

À QUI S'ADRESSE LE SHIATSU ?

Le shiatsu est bénéfique pour tous.
Il permet d'évacuer le stress, si fréquent dans nos sociétés occidentales, d'apaiser le mental et de retrouver un profond état de bien-être.
Il améliore la circulation sanguine, facilite la respiration, soulage les tensions et les raideurs.
Il favorise un retour à l'équilibre énergétique du corps, redonnant ainsi forme et tonus.
Il stimule le système immunitaire.
Il s'avère très efficace dans la prévention et le traitement de nombreuses pathologies.

À QUI S'ADRESSE CET OUVRAGE ?

À tous ceux qui veulent donner ou recevoir un soin et à tous ceux qui veulent utiliser le shiatsu sous forme d'automassage.
Vous y apprendrez les principes fondamentaux de cette méthode traditionnelle qui vous permettra de vous soulager vous-même ou de soulager vos proches de la plupart des maux quotidiens.
Les enchaînements décrits vous permettront d'acquérir les techniques essentielles que vous pourrez développer et affiner ensuite par votre propre pratique.

COMMENT UTILISER CET OUVRAGE ?

Ce livre se veut avant tout un outil. Utilisez-le comme un guide pour découvrir, étudier et pratiquer le shiatsu.
Il vous servira également de référence dans les traitements par acupression d'un certain nombre de maux courants.

UN PEU D'HISTOIRE

LE SHIATSU ACTUEL FUT CRÉÉ AU JAPON AU DÉBUT DU XXᵉ SIÈCLE PAR TAMA TEMPAKA. D'ABORD NOMMÉE « SHIATSU RYOHO », PUIS « SHIATSU HO », CETTE NOUVELLE FORME DE THÉRAPIE MANUELLE INTÉGRAIT LES MANŒUVRES ANCIENNES DU « AMMA » ASSOCIÉES À D'AUTRES PRATIQUES ISSUES DE LA MÉDECINE MANUELLE MODERNE. CETTE DISCIPLINE FUT RECONNUE OFFI-CIELLEMENT PAR LE GOUVERNEMENT JAPONAIS EN 1964 SOUS LE SIMPLE TERME DE « SHIATSU ».

En réalité, les véritables origines du shiatsu remontent à plusieurs milliers d'années. Il faut les rechercher dans la médecine chinoise et l'acupuncture, système médical très ancien, puisque les premières aiguilles en pierre datent de plus de neuf mille ans.

Le plus ancien ouvrage de médecine orientale, le Nei Ching, encore appelé « Classique de l'interne » de L'Empereur Jaune, aurait été écrit par Huang Ti et fut mentionné pour la première fois en 200 av. J.-C. mais il est sans doute encore beaucoup plus ancien.

Dans cet ouvrage, l'empereur questionne son médecin qui lui enseigne les diverses manières de traiter les maladies. Les grands principes de la médecine chinoise y sont décrits et ce sont eux qui serviront de base au traitement par acupuncture ou par massages.

À cette époque, c'est surtout dans la Chine centrale que l'on retrouve les soins à base d'acupression et exercices corporels ou respiratoires. On appelait ces pratiques le « Tao Yin », l'art de guider les énergies subtiles dans le corps ; le massage chinois comme le shiatsu en sont les héritiers directs. La médecine chinoise fut introduite au Japon par des moines bouddhistes vers le VIᵉ siècle. Les Japonais l'adoptèrent et l'intégrèrent à leur culture, élaborant au passage certaines techniques inédites.

Depuis les débuts de l'histoire du shiatsu, de nombreux praticiens mirent au point leur propre style et créèrent leurs propres écoles. Parmi eux, Namikoshi, Katsusuke Serizawa et Shizuto Masunaga sont les maîtres les plus influents. Certains styles font plus appel au travail sur les points d'acupression, d'autres privilégient des techniques qui intègrent la mise en circulation globale des voies énergétiques.

LE ZEN SHIATSU

C'est l'un des courants majeurs du shiatsu contemporain. Masunaga publia en 1977 son livre « Zen Shiatsu », dans lequel il décrit un certain nombre de principes directeurs visant à rendre les techniques courantes encore plus efficaces. Par ailleurs, il développa une approche plus spirituelle du massage, proche de celle du zen des moines bouddhistes du Japon, d'où le nom qu'il donna à sa pratique.

LES AUTRES FORMES DE SHIATSU

On retrouve des méthodes d'acupression et de drainage des lignes énergétiques dans d'autres pays d'Asie.

Ainsi, le massage traditionnel thaï, au confluent des médecines chinoise et indienne, est très proche des enchaînements thérapeutiques japonais, mais il intègre en plus des manœuvres de stretching (étirements) spécifiques qui lui confèrent son originalité et rendent ce soin très complet. Ce massage très ancien est appelé nuad bo lann ou thaï shiatsu.

COMMENT FONCTIONNENT LA MÉDECINE ORIENTALE ET LE SHIATSU

DANS L'ANCIENNE TRADITION CHINOISE, TOUT L'UNIVERS, DES ÉTOILES À L'HOMME, N'EST QU'ÉNERGIE OU QI (PRONONCEZ « TCHI »). AU JAPON, CETTE ÉNERGIE, APPARENTÉE À UNE FORCE DE VIE OU ÉNERGIE VITALE, EST APPELÉE « KI ». ELLE PEUT PRENDRE À LA FOIS UN ASPECT MATÉRIEL ET IMMATÉRIEL, AINSI QU'UNE MULTITUDE DE QUALITÉS SELON SA NATURE.

La vision orientale de la médecine est avant tout holistique, elle considère l'homme et son environnement dans sa globalité. Dans cette conception, nous sommes et vivons sans cesse au sein de champs énergétiques reliés entre eux et dépendants les uns des autres.

Pour conserver la santé, il faut vivre en parfaite harmonie intérieure, mais aussi en accord avec la nature en respectant ses rythmes. Les anciens Chinois ont ainsi élaboré un système complexe de traitement et de compréhension du corps humain fondé sur l'équilibre des énergies au sein de l'organisme. Pour eux, le corps doit s'adapter sans cesse aux changements qu'il rencontre ; s'il ne s'adapte pas, son Ki ne circule plus de manière fluide et c'est alors que la maladie s'installe, témoignant de ce déséquilibre intérieur.

Le médecin doit déterminer les causes de l'affection pour rétablir le Ki, au moyen de l'acupuncture ou de massages. Il conseillera également son patient sur un nouveau mode de vie et une diététique mieux adaptés afin de restaurer les fonctions déficientes et d'éviter les récidives.

LE PRINCIPE DU YIN ET DU YANG

La théorie du Yin et Yang est l'un des éléments centraux de la philosophie traditionnelle orientale. Elle fut exposée pour la première fois dans l'ancien traité du « I Ching », « le livre des transformations », (800 ans av. J.-C.). Dans ce livre qui servait déjà de référence à l'époque de Confucius, le Yang est symbolisé par un trait plein et le Yin par un trait discontinu. Ces lignes forment huit combinaisons de trois traits chacune qui symbolisent les permutations des énergies et des forces cosmiques.

Les trois lignes Yang en traits continus représentent l'archétype du ciel et du principe créateur. À l'opposé, les trois lignes Yin en traits discontinus représentent symboliquement la terre, le principe réceptif ou passif.

Par extension, le Yang est considéré comme masculin, le Yin comme féminin.

Selon cette théorie, l'énergie de l'univers, le Ki, fluctue sans cesse entre les deux qualités opposées du Yin et du Yang. Dans toutes les manifestations de la vie, les deux sont toujours présentes mais dans des proportions différentes. La succession des saisons, l'alternance du jour et de la nuit sont considérées comme les manifestations naturelles de l'interdépendance du Yin et du Yang.

Ces deux qualités de l'énergie universelle ne sont pas considérées comme opposées, mais comme complémentaires et dépendantes l'une de l'autre. Lorsque le Yin décroît, le Yang se renforce et inversement, chacune contenant le germe de l'autre et chacune ne pouvant être interprétée qu'en fonction de l'autre.

La compréhension du rôle du Yin et du Yang est essentielle à l'apprentissage du shiatsu, c'est d'elle que dépendent tout diagnostic et tout traitement.

LE KI OU ÉNERGIE VITALE

On ne peut comprendre et pratiquer les médecines orientales sans intégrer la notion de Ki ou d'énergie.

Le Ki est la force qui anime tout l'univers et maintient la vie sur la terre. L'interaction du Yin et du Yang génère le Ki qui est source de toute chose, matérielle et immatérielle. Plus elle se densifie dans la matière et plus elle se condense, plus elle ralentit et plus elle devient Yin. À l'opposé, plus elle devient légère, plus elle devient Yang.

L'eau peut prendre à la fois l'aspect de la glace, d'un liquide et de la vapeur ; les Chinois disent que le Yang du feu nécessaire à l'ébullition de l'eau transforme celle-ci en un Yang plus étendu, lequel retourne au Yin lorsque la vapeur redevient gouttelettes d'eau.

LE YIN ET YANG DANS LE CORPS

Le corps a besoin pour fonctionner d'un certain nombre de nutriments qui circulent et s'écoulent dans le sang pour alimenter les tissus, mais il a aussi besoin d'oxygène et de Ki.

Les Chinois pensent que l'homme est le fruit de l'union du ciel Yang et de la terre Yin ; lorsque le Ki se condense, il peut créer des êtres, disait Zhu Xi (XIIe av. J.-C.).

L'énergie est répartie partout dans le corps mais circule de façon priviliégiée le long de canaux ou méridiens. Ceux-ci n'ont pas de support matériel ou anatomique mais sont décrits avec précision dans les traités de médecine chinoise. Le long de ces méridiens se trouvent les points de traitement pour les massages ou l'acupuncture.

Le sang est considéré comme une forme plus dense de Ki, donc plus Yin que l'énergie circulant dans les méridiens. Ki et sang se complètent, le sang ayant besoin du Ki pour bien circuler dans le corps et le Ki du sang pour nourrir les organes. On peut lire à ce sujet dans le traité de l'Empereur Jaune que « le sang est la mère du Ki ».

Le Ki du corps possède également des qualités Yin et Yang. Ainsi, seront plutôt Yin la poitrine, les pieds, le bas du corps, les os et Yang, le dos, la tête et les couches les plus externes comme la peau.

La partie antérieure du corps comprend les méridiens Yin qui montent le long des jambes, du tronc et des bras, la partie postérieure, les méridiens Yang qui descendent vers la terre par les bras, le corps et les jambes.

L'objectif du shiatsu est de permettre un parfait équilibre entre ces différentes énergies et d'assurer leur régulation.

Les liquides corporels sont par définition les substances les plus Yin du corps : c'est le cas du liquide céphalo-rachidien, de la salive, de la sueur, des larmes… À l'inverse, l'esprit est considéré comme la substance la plus Yang du corps ; on l'associe à la conscience, à l'intelligence et à la volonté.

Les méridiens Yang ont pour fonction de transformer, de stocker et de distribuer le Ki et le sang. C'est pourquoi ils sont apparentés aux organes dits « solides » : poumons, rate, cœur, reins et foie. Les méridiens Yin appartiennent aux organes ou « viscères creux » : estomac, gros intestin, intestin grêle, vessie, vésicule biliaire. Ils agissent essentiellement sur la digestion et l'élimination des déchets. Méridiens, organes Yin et Yang se complètent ; chaque organe Yin est associé à un viscère Yang.

L'UNION DU CORPS ET DE L'ESPRIT

Ce concept prévaut dans toute la médecine chinoise et dans le shiatsu. Ainsi, un travail sur le Ki du corps aura des répercussions au plan spirituel et immatériel ; inversement nos humeurs et nos états mentaux agissent directement sur notre corps. La continuité du réseau énergétique entre l'intérieur et l'extérieur permet également par le traitement de points externes d'avoir accès au Ki le plus profond de l'organisme.

LA LOI DES 5 ÉLÉMENTS

LES ANCIENS CHINOIS DISPOSAIENT D'UN AUTRE SYSTÈME POUR APPRÉHENDER ET COMPRENDRE LE MONDE : LA LOI DES 5 ÉLÉMENTS. CETTE CONCEPTION, APPARUE DÈS LE DÉBUT DU Ier MILLÉNAIRE AV. J.-C., CONSIDÉRAIT CHACUN DES PHÉNOMÈNES DE L'UNIVERS COMME POUVANT APPARAÎTRE SOUS CINQ PHASES ET MANIFESTATIONS DIFFÉRENTES SYMBOLISÉES PAR L'EAU, LE FEU, LE BOIS, LE MÉTAL ET LA TERRE.

Dans ce système, organes et entrailles appartiennent chacun à un élément. La maladie correspondant à un élément donné peut progresser selon ce cycle d'un organe à l'autre. Ainsi, un organe défectueux était souvent traité en stimulant l'élément qui le précède dans le cycle dit de production.

Selon ces principes, chaque élément doit être également en équilibre par rapport aux autres. Si le Feu est en excès par exemple, il peut faire évaporer toute l'eau et provoquer la sécheresse avec un déficit d'énergie dans les méridiens des reins et de la vessie. À l'inverse trop d'eau peut éteindre le Feu dans les méridiens du cœur et de l'intestin grêle. Par extension, cette théorie s'appliqua également aux humeurs et émotions, ce qui en fit une théorie très complète toujours en vigueur et reconnue aujourd'hui comme un système de référence général. Connaître la loi des 5 éléments aidera le praticien de shiatsu dans la compréhension des problèmes de santé et des perturbations énergétiques de son patient.

ÉLÉMENTS ET TEMPÉRAMENT

Chaque individu est composé des 5 éléments mais selon des pourcentages différents. Il prédomine en chacun de nous un élément fondamental qui sera en grande partie le moteur de nos comportements et de nos émotions. En cas de déséquilibre, dû à un manque ou à un surplus d'énergie au sein de cet élément, des troubles de santé peuvent apparaître. Le rôle du thérapeute est d'agir sur le plan curatif et préventif pour rétablir ou maintenir cet équilibre interne.

LE TEMPÉRAMENT DU TYPE BOIS

L'élément Bois correspond à la manière dont nous réagissons face au monde qui nous entoure.

L'élément Bois a une personnalité extravertie, active et émotive. Spontané, il fait ce qui lui plaît et renonce à tout ce qui lui déplaît. Impulsif, il est quelquefois provocateur. Le sujet Bois aime le changement, le mouvement, la nouveauté mais il a du mal à se concentrer. Il aime se lever tôt et se sent en forme dès le matin. Il a volontiers une silhouette mince et une gestuelle vive. Il s'habille plutôt de couleurs franches dans des vêtements légers et pratiques. Il préfère la quantité à la qualité et n'est guère séduit par le luxe. Très émotif, il vit à fleur de peau, dominé par son instinct, ses impulsions et ses intuitions. Il préfère l'action aux longs discours. De nature indépendante, il n'est pas toujours sociable, préférant se débrouiller seul. On lui reproche souvent son manque de tact ; il s'enferme dans ses idées et attaque plutôt que de discuter. Il se met facilement en colère. On le dit volontiers irritable et même agressif, surtout lorsqu'il n'arrive pas à réaliser ses projets ou à exprimer sa grande créativité. Le type Bois a tendance à exagérer les problèmes, à se montrer impatient mais n'est pas rancunier.

Sur le plan professionnel, il déteste la routine et se sent plus à l'aise dans les professions libérales et dans les métiers de création ou de recherche. Enthousiaste et communicatif, le Bois est un pionnier exalté.

Sur le plan de la santé, le type Bois a souvent des problèmes de foie et de vésicule biliaire. Il peut souffrir de tendinite ou de contracture musculaire, d'éruption cutanée sur le visage ou le buste et a plutôt une tendance allergique. Les troubles souvent associés à cet élément sont les sueurs abondantes, la fatigue, les problèmes oculaires, les dorsalgies, l'insomnie, l'irritabilité.

Un déséquilibre psycho-énergétique de l'élément Bois se traduit par :

- Un laisser-aller dans sa vie personnelle ou professionnelle avec des abus d'alcool ou de nourriture.

- Un manque d'activité corporelle et d'exercice entraînant une rigidité et un manque de souplesse des articulations.

- Un trop grand contrôle sur son environnement et sur ses émotions susceptible de générer un surcroît de stress.

LE TEMPÉRAMENT DU TYPE FEU

L'élément Feu comprend à la fois « l'Esprit du Feu », lié aux relations que nous entretenons avec nous-mêmes et l'Univers, et « le Feu Humain », correspondant à l'énergie que nous entretenons avec les autres.

Le type Feu a une personnalité extravertie, active mais non émotive. Il a un caractère sociable, aime les contacts et les gens. Sa voix est puissante, il parle beaucoup, apprécie les sorties entre amis. Il dépense beaucoup pour s'habiller, aime le luxe et les bijoux. Les femmes Feu sont souvent provocantes et ne craignent pas d'être sexy ; quant à l'homme Feu il aime montrer son buste et retrousser ses manches. Le sujet Feu a le sens du pratique et du beau, c'est un passionné d'une grande curiosité et doué pour la communication. Il sait bien s'entourer et a l'esprit tourné vers les autres, car il aime plaire et séduire. Il a le goût du jeu et du succès, c'est un gagnant optimiste, communicatif et jouisseur. Lorsqu'il perd, son abattement est

de courte durée, il préfère négocier et ne se laisse pas décourager facilement. Dans des cas extrêmes, il peut se montrer insouciant et prendre des risques exagérés. Le type Feu fait ce qui lui plaît comme le type Bois, mais se montre plus diplomate que lui. On le dit manipulateur mais il est franc. Il aime rire, faire des jeux de mots et a le sens de l'humour. Il dépense largement son argent, que ce soit pour lui ou pour les autres. Sur le plan professionnel, il est davantage attiré par les métiers dynamiques et créatifs, à des postes à responsabilités. La sédentarité lui fait peur, la communication le séduit.

La santé du type Feu est très Yang ; elle correspond donc à des troubles cardio-vasculaires, à de l'hypertension artérielle, des fièvres, un teint rougeâtre avec des palpitations, à une grande nervosité, des maux de tête, des bourdonnements d'oreilles, des ballonnements et troubles digestifs, des sciatalgies.

Un déséquilibre psycho-énergétique de l'élément Feu se traduit par :

- Des problèmes de communication en famille ou sur le lieu de travail.

- Un sentiment d'insécurité et une faible confiance en soi.

- Une énergie affaiblie par une trop grande fréquence des chocs émotionnels.

- Une fragilité émotionnelle liée à des problèmes de l'enfance.

LE TEMPÉRAMENT DU TYPE TERRE

L'élément Terre se rapporte à la manière dont nous nous occupons de nous-mêmes et comment nous réagissons avec les autres.

Le type Terre est lymphatique, tempéré et sans excès. Il aime l'harmonie, la chaleur d'un foyer, les petites plutôt que les grandes réunions. Il a horreur des conflits, des disputes et préfère ménager les susceptibilités dans ses relations. Il partage et dialogue, ne cherche pas à imposer ses idées et s'adapte aux situations. Il aime la vie et la bonne chère.

Il s'habille sobrement pour ne pas choquer et se fond facilement dans son milieu. Il préfère choisir des teintes foncées, le noir, le gris, le marron, l'écru. Le sujet Terre a l'esprit logique, rationnel et pratique. Il est sérieux, travailleur, assidu, compatissant et sait écouter les autres. Par contre, il n'a ni l'imagination, ni la créativité des autres éléments. Il est très sensuel et a une très grande affectivité.

Sur le plan professionnel, il se plaira dans les métiers liés à la terre comme l'agriculture, si c'est sa tradition familiale. Il est un excellent collaborateur, pédagogue, médecin, parfaitement adapté aux métiers de services, paramédicaux, sociaux, commerce, fonctionnariat. Méthodique, il analyse tous les aspects d'une situation et prend plusieurs avis avant de se décider. Il se bloque vite mais n'agit pas de manière impulsive. Facilement sujet au stress, il a des tendances compulsives, abuse des sucreries et rumine sans cesse les mêmes idées.

Sur le plan santé, le type Terre a des problèmes d'estomac avec acidité gastrique, il souffre de troubles digestifs, de diarrhées ou de constipation. Il a des troubles du sommeil liés à son anxiété et se plaint souvent des coups de pompes après un repas.

Il prend volontiers du poids et présente des troubles de la circulation lymphatique. Les mauvaises habitudes alimentaires perturbent sa digestion. Il présente une mauvaise tonicité des muscles et des chairs liée au manque d'exercice.

Un déséquilibre psycho-énergétique de l'élément Terre se traduit par :
- De l'anxiété.
- Une sensation d'insécurité lorsque le sujet doit quitter son foyer.
- Des troubles affectifs.

LE TEMPÉRAMENT DU TYPE MÉTAL

L'élément Métal se rapporte à la manière dont on établit les frontières entre soi et le reste du monde, symbolisée notamment par notre façon de respirer. Cet échange d'air entre l'intérieur et l'extérieur peut être harmonieux ou refléter nos luttes et blocages internes.

Le sujet Métal est émotif, introverti, n'osant pas aller directement au but. Il se décourage facilement et manque souvent de volonté. Il a besoin de sommeil, de repos et d'une vie équilibrée. Il n'aime pas les conflits, les soucis. Plutôt timide, il se met souvent en retrait. Il cherche à passer inaperçu et porte plutôt des vêtements stricts aux couleurs pastel ou en demi-teinte.

En général, il se couvre beaucoup et reste très habillé quelle que soit la saison. Le tempérament Métal a tendance à la nostalgie, il préfère se replier sur le passé, plutôt que d'entreprendre pour l'avenir. Il a également de nombreuses qualités (romantique, hypersensible, poète, idéaliste et désintéressé) mais manque souvent d'énergie et de volonté, ce qui l'amène à se décourager très vite. Il a du mal à gérer les conflits et se sent souvent blessé par les remarques d'autrui. Par ailleurs, il est facilement taciturne et a tendance à la dépression.

Sur le plan professionnel, il préfère les métiers peu mobiles et non physiques et sera peu enclin à exercer une profession libérale. Dans la Chine ancienne, on disait que le Métal était un bon guerrier, ce qui en fait généralement un excellent collaborateur plus qu'un leader ou qu'un chef d'entreprise. Il est doué pour les arts et aime le silence retrouvé dans la quête de pureté d'une vie monacale par exemple. Face aux difficultés de la vie, il est résigné et s'apitoie sur son sort, pleurant et se complaisant dans des pensées morbides. Il ne croit d'ailleurs guère au bonheur et se réfugie souvent en cas de problèmes dans la nourriture et le sommeil. Quand le succès est là, il l'accepte avec modestie.

Sur le plan de la Santé, le type Métal souffre d'épisodes dépressifs quelquefois associés à des troubles digestifs ou a des problèmes de peau. Il fait volontiers des angines à répétition, présente des problèmes pulmonaires aggravés si le sujet est fumeur ou des douleurs thoraciques. On le dit hypocondriaque de nature.

Un déséquilibre psycho-énergétique de l'élément Métal se traduit par :

- Des problèmes intestinaux qui affaiblissent son énergie
- Des problèmes émotionnels avec un sentiment profond de tristesse contenue et non exprimée.
- Des problèmes pulmonaires aggravés si le sujet est fumeur.

LE TEMPÉRAMENT DU TYPE EAU

L'élément Eau est en correspondance avec la constitution de la personne, en particulier son héritage génétique qui se reflète dans la taille, les os, les cheveux, la gestuelle, les comportements... Si la constitution est solide, la personne déborde d'énergie et peut réaliser tous ses projets. L'énergie que nous recevons de nos parents est liée à l'élément Eau ; nous l'épuisons ensuite progressivement au cours de notre vie.

Le type Eau est, comme le Métal, introverti, mais sans le côté inerte et résigné. Il est également peu résistant et a besoin de beaucoup de sommeil pour récupérer ses dépenses énergétiques. Sur le plan social, il est très conventionnel, s'habille selon les circonstances avec des vêtements sobres mais de qualité.

Le tempérament Eau contrôle ses émotions, il n'est guère romantique et préfère exprimer sa sensibilité dans les arts comme la musique ou le chant ; il est très auditif. Doué d'une grande faculté de concentration, il est efficace pour mener à bien ses études ou ses projets.

Décisionnaire, il maîtrise ses choix, son avenir et ses connaissances. Il a le sens du mérite, de la tradition et de la hiérarchie.

Sur le plan professionnel, il aime avant tout prévoir et organiser. Il excelle dans l'armée, la politique, le droit, l'enseignement, la recherche ou comme travailleur indépendant. Il se voue corps et âme aux causes qu'il croit justes.

Le type Eau ne supporte pas d'être assisté et trouve toujours le moyen de s'en sortir. Sujet à la peur, il développe des mécanismes d'autodéfense et de self-control, d'où son goût pour ce qui touche à la prévoyance et l'assurance. Face à un problème, il analysera les solutions avec froideur et logique sans se laisser emporter. Toutefois, un événement particulier peut entraîner chez lui une remise en cause profonde de son existence et de ses choix de vie. Lorsque les choses tournent à son avantage, il y voit la juste récompense de ses qualités et de ses efforts. Sur le plan de la santé, c'est l'élément le plus Yin ; les troubles seront donc souvent de type frissons, sensation de froid dans le corps, frilosité excessive avec fatigue et manque d'énergie.

Il souffre fréquemment de bourdonnements d'oreilles, de problèmes liés aux reins ou à la vessie, de douleurs du dos et d'affections rhumatismales. Le bas du corps est plus fragile avec des poussées hémorroïdales occasionnelles. Le type Eau ne ressent pas la soif et a tendance à se déshydrater. Il abuse souvent de stimulants (café, alcool, drogues...)

Le déséquilibre psycho-énergétique de l'élément Eau se traduit par :

- Un surmenage physique ou intellectuel.
- Une sensation de frilosité permanente.
- Une énergie affaiblie par des traumatismes physiques ou émotionnels.
- L'abus de stimulants (café, alcool, drogues...)

CYCLE DE PRODUCTION

Dans le cycle des 5 éléments, on retrouve l'opposition entre l'Eau et le Feu. L'Eau représente le repos, la tranquillité, la source des mouvements, des potentiels et de la création, le Feu symbolisant l'apogée de l'activité dans une ascension des énergies. Deux éléments diamétralement opposés et complémentaires. Le Bois et le Métal viennent compléter le cycle avec un mouvement des énergies en expansion vers l'extérieur et en contraction vers l'intérieur. La Terre, tout d'abord située au centre, avait au départ une action modératrice, puis elle fut déplacée sur le cercle occupant une position équivalente à celle des autres éléments, mais elle symbolise toujours le changement. Le cycle des 5 éléments nous indique la façon dont les choses progressent et s'enchaînent. Le Bois alimente le Feu et ses cendres nourrissent la Terre qui abrite le Métal. L'Eau vient ensuite se condenser sur le Métal et hydrate le Bois.

CYCLE DE CONTRÔLE

Afin de réguler le cycle de production et pour l'empêcher de s'emballer, les anciens Chinois conçurent un cycle de régulation appelé cycle de contrôle. Le Bois stabilise la Terre, laquelle retient l'Eau qui contrôle à son tour le Feu et le Feu fait fondre le Métal, qui, lui, coupe le Bois.

TRAJET DU KI ET FONCTIONS DES ORGANES EN MÉDECINE CHINOISE

EN MÉDECINE CHINOISE, CHAQUE ORGANE A UNE FONCTION PARTICULIÈRE ; INDÉPENDAMMENT DE SON RÔLE PHYSIOLOGIQUE, IL PERMET L'ÉLABORATION, LA DISTRIBUTION OU LE STOCKAGE DU KI, L'ÉNERGIE, SOURCE DE VIE.

LA FONCTION DES ORGANES

Les **Poumons** reçoivent l'air et transforment le Ki de l'air et de la nourriture en Ki humain. Ils dispersent également l'énergie vers la peau pour assurer la défense de l'organisme, assurent sa circulation dans les méridiens et envoient l'excédent de Ki en direction des reins pour y être stocké.

Le **Foie** stocke le sang et facilite tous les mouvements du Ki dans l'organisme. Il est assisté par la Vésicule Biliaire.

L'**Estomac** reçoit la nourriture, il envoie les parties les plus pures vers la rate, les moins pures vers l'intestin grêle.

La **Rate** transforme et fait monter le Ki et « l'essence » de la nourriture vers les poumons. Elle se transforme ensuite en sang.

L'**Intestin Grêle** sépare et absorbe les fluides, puis transmet les énergies impures à la vessie et au gros intestin.

Le **Gros Intestin** excrète les déchets solides après avoir absorbé les fluides.

Le **Cœur** fait circuler le sang dans les vaisseaux et abrite l'esprit.

Le **Péricarde**, enveloppe musculaire externe du cœur, l'assiste et le défend.

La **Vessie** stocke et élimine les déchets liquides.

Les **Reins** font monter le Ki vers la rate, pour activer la transformation de la nourriture, et vers les poumons. Ils stockent le Ki « prénatal » sous forme « d'essence », qui est la base de notre constitution. Ils influencent la croissance, notre maturité et la reproduction. Les reins sont les racines du Ying et du Yang dans le corps.

LA CIRCULATION DE L'ÉNERGIE

Le but du shiatsu est d'harmoniser la circulation énergétique du corps par l'intermédiaire de pressions des doigts ou des coudes qui vont réguler les vides ou les turbulences.

On ouvrira ces canaux par des manœuvres préparatoires d'étirements et de mobilisations corporelles. Souvent l'énergie est bloquée car il existe des tensions musculaires sous-jacentes que le thérapeute lèvera progressivement.

Avec l'expérience, vous serez de plus en plus à même de ressentir et de traiter les blocages énergétiques de votre partenaire au cours d'une séance de shiatsu.

Soyez patient : devenir un bon praticien demande de nombreuses heures de pratique.

Pour vous aider à mieux comprendre ce concept, considérez la circulation de l'énergie comme de l'eau circulant au sein d'un réseau de canaux à l'intérieur du corps, les pressions jouant le rôle d'écluses pour assurer la régulation du débit.

On dit souvent que l'énergie bloquée est à l'image d'un glaçon, qui fond sous les doigts du thérapeute pour reprendre sa fluidité.

LES TSUBOS

Connus depuis des millénaires, les méridiens chinois sont des canaux privilégiés au sein desquels circule notre énergie.

Le shiatsu moderne repose sur le massage de ces lignes d'énergie, sur lesquelles on trouve les tsubos, décrits souvent comme des portes ou carrefours énergétiques ouverts sur la surface du corps et donc accessibles à la digitopression. Ainsi, un tsubo est un peu comme une fenêtre ouverte sur l'énergie de l'individu.

La plupart des tsubos sont fixes ; ils ont été répertoriés et numérotés sur tout le corps de même que leur action spécifique pour le traitement des maladies. Quelques points figurent néanmoins en dehors des méridiens chinois classiques.

L'ÉQUILIBRE DU KI

Être en vie signifie posséder une quantité minimale de Ki qui circule dans le corps et alimente les organes nécessaires au bon fonctionnement de l'organisme. Inversement, un déficit de Ki peut conduire à la maladie et à la mort. Les fluctuations internes du Ki varient en fonction des saisons, de l'environnement, de nos activités, de notre mode de vie, de notre alimentation et de notre vie affective. Déficit et excès de Ki retrouvent un équilibre normal après un certain temps ou après une période de repos ; si ce n'est pas le cas, le Ki reste faible, faisant ainsi le lit de la maladie. Le shiatsu permet de revenir plus rapidement à l'équilibre.

LE PRINCIPE KYO-JITSU

Dans la terminologie du shiatsu, un excès d'énergie au niveau d'un tsubo, dû à un blocage de la circulation énergétique, est appelé « Jitsu », alors qu'un déficit de cette énergie secondaire dû à une déficience ou à une mauvaise circulation est un « Kyo ». Lorsque l'équilibre global est rompu, les « Kyo » sont la source des « Jitsu » et inversement.

La maladie et ses symptômes sont une tentative de l'organisme pour rétablir l'équilibre entre les « Kyo » et les « Jitsu ». Quelquefois, le corps n'a plus les ressources nécessaires pour s'autotraiter ; il lui faut alors une aide extérieure comme le massage et les médicaments. Pour le thérapeute, les « Jitsu » sont en général plus faciles à sentir sous les doigts, car ils réagissent sous la pression et sont des zones de tension musculaire. Les « Kyo » sont plus difficiles à percevoir, car ils ont peu d'énergie en surface. On peut très bien présenter un état de « Jitsu », comme en cas de torticolis par exemple, sans « Kyo » apparent ; pourtant, si l'on a pris froid, c'est qu'il existait au

préalable un état de faiblesse de l'énergie dans les méridiens à ce niveau.

Pour le masseur, un état « Jitsu » demandera des techniques de dispersion et de mise en mouvement de l'énergie, tandis qu'un état « Kyo » réclamera des stimulations plus profondes et plus appuyées. Le praticien débutant se contentera de développer son sens du toucher en dosant ses pressions en fonction du ressenti du partenaire sur chacune des zones du corps.

ÉQUILIBRER LES KYO ET JITSU

Tonifier

La plupart des techniques de shiatsu consistent à stimuler le Ki là où il est déficient. Pour cela, on appliquera une pression ferme des pouces ou du coude sur les tsubos.

Calmer

Lorsqu'un tsubo est en « Jitsu », il se traite généralement par des pressions légères des paumes placées à plat sur la zone à traiter pour mettre en mouvement l'énergie. Cette manœuvre sera complétée par un soin complémentaire des zones en « Kyo ».

Dispersion

Quelquefois, une pression maintenue quelques secondes avec le coude, par exemple, permettra de disperser un tsubo en « Jitsu ». On complète cette technique par une stimulation appropriée des « Kyo ».

LES EFFETS DU SHIATSU SUR LE SYSTÈME NERVEUX

Le massage shiatsu standard, tel que nous l'étudierons dans cet ouvrage, va permettre d'avoir une action profonde sur l'ensemble des énergies du corps sans pour autant avoir recours aux techniques spéciales de thérapie et de diagnostic de la médecine chinoise réservées aux professionnels. Il va relaxer les muscles, stimuler le système immunitaire et endocrinien et provoquer une relaxation globale par un effet positif sur le système nerveux.

En cas de stress, notre corps réagit en libérant certaines hormones qui vont accélérer le rythme cardiaque et la respiration, augmenter la tonicité musculaire afin de le préparer à l'attaque ou à la fuite. C'est la célèbre réponse : fly or fight, s'enfuir ou combattre. À l'inverse, lorsque nous sommes relaxés, le rythme cardiaque ralentit, la pression artérielle diminue, la respiration se ralentit, les muscles se relâchent. Le shiatsu peut aider le patient à retrouver plus facilement et plus rapidement cette réaction naturelle de relaxation et de lâcher prise. En ce sens, le shiatsu est une thérapie anti-stress très efficace et même préventive, si l'on considère que 80 % des maladies sont dues, directement ou indirectement au stress.

se préparer à une séance

MISE EN CONDITION DU MASSEUR

LE SHIATSU NE DEMANDE PAS DE COMPÉ-
TENCES PHYSIQUES OU INTELLECTUELLES PAR-
TICULIÈRES MAIS REQUIERT DE LA PRATIQUE
ET UN ÉTAT D'ESPRIT OUVERT SUR L'ÉCHANGE
ET LE PARTAGE AVEC LE PARTENAIRE. POUR QUE
LES BIENFAITS SOIENT OPTIMUMS, LE MASSEUR
DOIT ÊTRE CONCENTRÉ ET PLEINEMENT ATTEN-
TIF À CHACUN DE SES GESTES. AUCUNE PENSÉE,
AUCUN JUGEMENT NE DOIT VENIR TROUBLER
LE MENTAL DU THÉRAPEUTE. SI VOUS VOUS SEN-
TEZ, FATIGUÉ, STRESSÉ, AGITÉ, MIEUX VAUT
REPORTER VOTRE MASSAGE À UN AUTRE
MOMENT.

LA MÉDITATION

Au Japon, la plupart des thérapeutes en shiatsu
pratiquent conjointement la méditation afin de
développer une meilleure concentration.
Il existe plusieurs formes de méditation :
choisissez celle qui vous convient le mieux pour
relaxer et apaiser votre mental.
En effet lorsque vous donnez un shiatsu, votre
esprit doit être en méditation attentive, c'est-
à-dire que vous devez veiller à rester complètement absorbé dans l'instant présent.
Cette faculté de libérer l'esprit permet de
développer progressivement une plus grande
empathie et une meilleure compréhension de
la circulation énergétique chez le partenaire.
L'une des techniques les plus simples de méditation consiste à s'asseoir dans une position
confortable, sur une chaise ou à même le sol,
en veillant à bien relâcher les épaules tout en
gardant le dos droit. Fermez les yeux et por-
tez ensuite toute votre attention sur votre respiration. Suivez mentalement le trajet de l'air
depuis vos narines jusque dans le ventre au
niveau du nombril, qui se gonfle et se dégonfle
au rythme régulier de vos inspirations et expi-
rations.

Si une pensée survient, laissez-la passer tel un
nuage dans le ciel sans chercher à la développer et revenez ensuite sur votre objet de
concentration, la respiration. Faites cet exercice pendant 5 minutes au début de votre
séance puis augmentez progressivement
la durée de vos méditations jusqu'à 20 à
30 minutes.

LA RESPIRATION

En Asie on affirme que la respiration représente le pont entre le corps et l'esprit. Les techniques respiratoires enseignées dans le yoga
ou le Qi gong permettent de développer
l'énergie interne du praticien. Un Ki puissant
lui permettra de faire ainsi un shiatsu plus
efficace, particulièrement si le patient souffre
d'un vide d'énergie.

LES TECHNIQUES DE VISUALISATION

Il est également utile au praticien de visuali-
ser régulièrement l'ensemble de son enchaînement. Répéter mentalement les gestes, les
pressions et les positions vous permettra de
faire un shiatsu plus fluide et parfaitement maî-
trisé jusque dans les moindres détails, tout
comme les sportifs ou les danseurs qui
utilisent cette technique pour améliorer leurs
performances.

EXERCICES PHYSIQUES MAKKHO-HO

AVANT DE SOIGNER AUTRUI, IL FAUT COMMENCER PAR PRENDRE SOIN DE SOI-MÊME. DONNER UN SHIATSU NE DEMANDE PAS DE CAPACITÉS PHYSIQUES EXCEPTIONNELLES MAIS IL FAUT ÊTRE EN FORME PHYSIQUEMENT ET PSYCHOLOGIQUEMENT, BIEN ANCRÉ DANS SON BASSIN ET RELATIVEMENT SOUPLE. VOUS MAÎTRISEREZ AINSI PARFAITEMENT L'ENSEMBLE DE VOS PRESSIONS ET LES DIFFÉRENTS POINTS D'APPUI.

De nombreuses pratiques comme le yoga, le taï-chi ou le Qi gong sont très utiles pour assouplir le corps et mettre en mouvement l'énergie.

Masunaga, le maître du shiatsu moderne, créa à cet effet une série d'exercices spécifiques qu'il appela « Makkho-ho ». Ces mouvements, utiles aussi bien au masseur qu'au massé, préparent ou complètent utilement une séance de shiatsu. Pratiqués régulièrement, ils développent le Ki, renforcent le Hara et la souplesse de toutes les articulations.

Les exercices Makkho-ho se pratiquent par séries. Chaque série est destinée à mettre en mouvement l'énergie de tel ou tel organe et du méridien correspondant.

Pour harmoniser l'ensemble, il est recommandé de faire la série complète quotidiennement. Toutefois, si vous observez un déficit énergétique dans une partie de votre corps ou de celui de votre partenaire, vous pouvez accentuer la pratique des mouvements correspondants.

Faites ces exercices dans une pièce bien ventilée en revêtant une tenue souple de type jogging.

EXERCICE PRÉPARATOIRE

POSITION A Prenez la position debout, jambes écartées de la largeur des épaules, genoux légèrement fléchis.

MOUVEMENTS B ET C Sur l'inspiration levez progressivement les deux bras simultanément en les écartant devant vous puis, au-dessus de votre tête, expirez dans cette position. Recommencez six fois l'exercice au rythme de vos respirations.

MAKKHO-HO DU POUMON ET DU GROS INTESTIN

Les méridiens du poumon et du gros Intestin, sont associés en médecine chinoise, et liés à l'élément Métal. Le premier est en rapport avec la respiration, lieu d'échange privilégié entre l'intérieur du corps et le monde extérieur ; le second a pour fonction l'élimination des matières et des toxines. Le stress et la vie sédentaire sont souvent responsables de blocages énergétiques au niveau de ces méridiens.

POSITION • Reprenez la position A de l'exercice préparatoire et agrippez vos pouces dans le dos.

MOUVEMENT D Sur l'inspiration penchez le buste en avant, tandis que vous étirez les bras en les décollant le plus possible des fessiers.

Tenez la position et relaxez-vous. Sur chaque inspiration, étirez un peu plus vos bras en direction de votre tête mais sans forcer. Gardez les genoux légèrement fléchis pendant tout l'exercice. Restez dans la posture pendant quelques respirations puis revenez lentement à la position de départ.

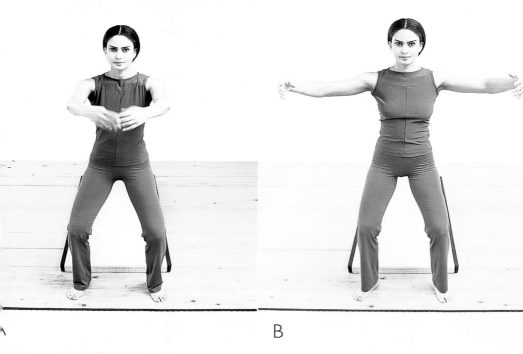

A

D

MAKKHO-HO DE L'ESTOMAC ET DE LA RATE

Estomac et rate sont liés à l'élément Terre et à l'absorption de la nourriture qui alimente le sang et le corps en énergie. Ces deux méridiens sont essentiels au maintien d'une bonne santé. Ils sont souvent plus faibles lorsque la personne est fatiguée ou souffre d'une maladie chronique. Le méridien de l'estomac, plus Yang, se charge de distribuer l'énergie tandis que la rate Yin collecte le Ki venant de la nourriture. Un déséquilibre énergétique dans ces deux méridiens sera souvent la cause de troubles digestifs.

La rate gouverne l'intellect : si vous ruminez beaucoup, si vous vous faites inutilement trop de soucis et ressassez vos problèmes, pratiquez ces exercices régulièrement, ils vous aideront à retrouver votre équilibre.

POSITION A Asseyez-vous, les genoux bien écartés de façon à ce que vos fesses reposent à terre si vous êtes suffisamment souple. Reposez ensuite vos deux mains bien à plat sur le sol derrière vous.

MOUVEMENT B Tandis que vous expirez, penchez-vous lentement en arrière ; dès que votre dos repose sur le sol amenez vos deux bras dans le prolongement de votre tête. Relaxez-vous dans cette position pendant plusieurs respirations en ouvrant bien votre gorge.

Relaxez-vous quelques minutes puis revenez lentement à la position de départ.

Si vous trouvez la position inconfortable, restez simplement dans la posture de départ sans chercher à descendre.

A

B

RELAXATION DU PLEXUS SOLAIRE

La zone du plexus solaire est souvent le lieu d'expression des stress et tensions accumulées. Aussi est-il important tant pour le masseur que pour le massé de détendre cette région du corps.

POSITION • Agenouillez-vous sur vos deux genoux dans la position japonaise dite de « seiza ».

MOUVEMENT A Sur l'expiration, penchez-vous légèrement vers l'avant en prenant soin de pointer l'extrémité de vos index, majeurs et annulaires en direction du plexus solaire

afin d'y exercer une pression profonde et continue.

Inspirez en revenant à la position initiale tout en relâchant la pression. Recommencez le cycle complet sur une dizaine de respirations.

A

MAKKHO-HO DU CŒUR ET DE L'INTESTIN GRÊLE

Ces deux organes sont en correspondance avec l'élément Feu. Un déséquilibre de ces méridiens se traduit le plus souvent par des problèmes cardio-vasculaires, une transpiration excessive, de l'agitation et de l'anxiété, des troubles digestifs, urinaires et de la confusion mentale.

POSITION • Asseyez-vous, saisissez vos pieds, plantes tournées l'une contre l'autre ; saisissez vos pieds avec vos mains.

MOUVEMENT B Sur l'expiration, penchez-vous en avant en amenant votre front vers les orteils. Gardez les coudes à l'extérieur de vos genoux.

Ne forcez pas, faites l'exercice en fonction de votre souplesse, relaxez-vous dans la position en restant quelques instants les poumons vides et en vous concentrant sur le centre de votre poitrine. Inspirez en revenant à la position de départ.

Recommencez le cycle sur plusieurs respirations.

B

MAKKHO-HO DU REIN ET DE LA VESSIE

Reins et vessie sont liés à l'élément Eau, source de notre énergie vitale et créatrice. Ils sont également en rapport avec le système nerveux, la moelle et les os.

Un déséquilibre de cet élément entraînera une fatigue générale, des problèmes ostéo-articulaires, urinaires ou neurologiques, des douleurs dans le bas du dos voire impuissance et frigidité.

POSITION A Asseyez-vous jambes et bras tendus devant vous, le dos droit, les épaules relâchées.

MOUVEMENT B Sur l'expiration, penchez-vous vers l'avant en étirant vos bras, paumes tournées vers l'extérieur, en direction des pieds. Il n'est pas nécessaire que les mains atteignent vos pieds.

Expirez dans le mouvement et relaxez-vous dans la position en respirant normalement, puis revenez doucement à la position de départ.

A

B

EXERCICE COMPLÉMENTAIRE

En complément de cet exercice et pour mettre en mouvement l'énergie des reins…

POSITION • Debout, jambes écartées de la largeur des épaules et genoux légèrement fléchis.

MOUVEMENT C Pratiquez des frictions énergiques avec vos deux poings en alternance, sur la zone des reins.

Ensuite, faites 5 ou 6 rotations du bassin en plaçant vos mains sur les hanches.

C

MAKKHO-HO DU MAÎTRE DU CŒUR, DU TRIPLE RÉCHAUFFEUR, DU FOIE ET DE LA VÉSICULE BILIAIRE

Les méridiens du Maître du cœur et du Triple Réchauffeur sont liés à l'élément du Feu et jouent un rôle d'assistance pour le méridien du cœur et des reins.

Le premier se charge de défendre le cœur contre le stress, les émotions, les infections, la chaleur.

Le second équilibre l'énergie dans l'ensemble du corps et la conduit dans les autres organes.

POSITION A Asseyez-vous confortablement en tailleur en rapprochant le plus possible vos pieds du pubis. Croisez ensuite vos bras devant vous en plaçant chacune de vos mains sur le genou opposé.

MOUVEMENT B Expirez en vous penchant en avant de telle sorte que vos coudes viennent toucher le sol entre vos genoux.

POSE • Relaxez bien la tête et le cou et détendez-vous dans la posture en respirant normalement. Revenez à la position de départ sur l'expiration et recommencez l'exercice en inversant le croisement des bras.

B

A

MAKKHO-HO DU FOIE ET DE LA VÉSICULE BILIAIRE

Les méridiens de la vésicule biliaire et du foie sont liés à l'élément du Bois. Ils jouent un rôle important dans le métabolisme et sur le plan psychique. Ils sont impliqués dans toutes les formes d'action et de prise de décision.

Un blocage énergétique au niveau de ces méridiens sera à l'origine de troubles digestifs, de maux de tête, de tensions musculaires, de troubles psychiques et de syndromes dépressifs.

POSITION • Asseyez-vous, les jambes bien écartées.

MOUVEMENT A Placez votre main droite sur le flanc gauche tandis que vous levez le bras gauche bien au-dessus de votre tête, paume tournée vers le ciel. Expirez lentement ; en même temps, étirez le buste le plus possible sur le côté droit.

POSE • Relaxez-vous dans la posture quelques instants en respirant normalement, puis revenez lentement à la position de départ. Reprenez le même exercice de l'autre côté.

EXERCICE COMPLÉMENTAIRE

POSITION B Debout, jambes écartées de la largeur des épaules, genoux légèrement fléchis.

MOUVEMENT C Balancez les bras de chaque côté du corps très souplement et en relâchant bien les épaules. Balancez ensuite simultanément les bras dans un mouvement d'avant en arrière suivant un angle de 60° et 30° environ pendant quelques minutes, tout en respirant naturellement et calmement.

Ce mouvement termine votre série de Makko-ho.

C

PRENEZ SOIN DE VOS PIEDS ET DE VOS MAINS

VOS MAINS SONT VOTRE PRINCIPAL OUTIL POUR DONNER LE SHIATSU ; IL EST DONC TRÈS IMPORTANT D'EN PRENDRE SOIN. POUCES, DOIGTS ET PAUMES DOIVENT ÊTRE SOUPLES ET PUISSANTS AFIN DE POUVOIR APPLIQUER DIFFÉRENTS DEGRÉS DE PRESSION SUR LE PARTENAIRE, DE LA PLUS LÉGÈRE À LA PLUS FERME.

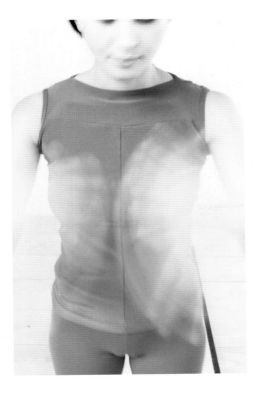

UN RÔLE ESSENTIEL

Les mains doivent être de véritables détecteurs permettant de percevoir la moindre tension ou un éventuel blocage énergétique. Veillez à avoir toujours les ongles propres et à les garder courts pour ne pas provoquer de blessures lors des digitopressions.

Les pieds seront également bien entretenus, régulièrement exercés et assouplis. Ils jouent un rôle essentiel dans la qualité du shiatsu dans la mesure où ils assurent pour une large part l'assise et le centrage énergétique du masseur.

EXERCICES POUR LES PIEDS

MOUVEMENT • Saisissez votre cheville gauche avec votre main droite ; commencez par exercer une série de cinq rotations dans un sens puis dans l'autre.

MOUVEMENT A Avec vos deux mains, massez et malaxez tout votre pied.

MOUVEMENT B Puis frappez énergiquement la plante avec votre poing.

MOUVEMENT C Saisissez chacun de vos orteils entre le pouce et l'index, étirez-les d'abord vers le haut et vers le bas et faites ensuite une série de rotations dans les deux sens.

Inversez la position pour masser de la même manière le pied droit.

A

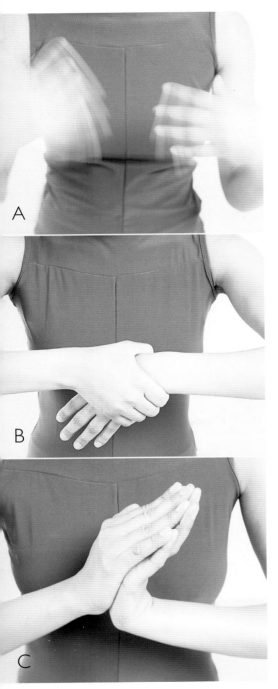

PRÉPAREZ LES MAINS

Stimulez la circulation énergétique dans vos mains et vos pieds par des bains alternés d'eau froide et chaude où vous pouvez ajouter quelques gouttes d'huiles essentielles.

MOUVEMENT A Secouez régulièrement vos mains et vos pieds avant et après un shiatsu. Cela vous permettra de les relaxer et d'éliminer toute tension musculaire.

MOUVEMENT B Saisissez votre main gauche avec la main opposée au niveau du poignet. Exercez une série de pressions progressives, du poignet jusqu'au bout des doigts. Procédez ensuite de façon identique pour l'autre main.

MOUVEMENT C Joignez vos deux mains dans la position de la prière devant votre poitrine. Exercez une pression sur les doigts en direction du poignet avec l'une de vos mains jusqu'au moment où vous sentez l'étirement ; faites ensuite le même exercice de l'autre côté.

MOUVEMENT D Avec le pouce de votre main droite étirez un à un chacun des doigts de la main gauche, le long de la face palmaire en exerçant une pression progressive en direction du poignet.

MOUVEMENT E Puis écartez les doigts en plaçant votre poing le plus loin possible dans l'espace situé entre l'index et le majeur, le majeur et l'annulaire, l'annulaire et le petit doigt.

Procédez de façon identique avec l'autre main.

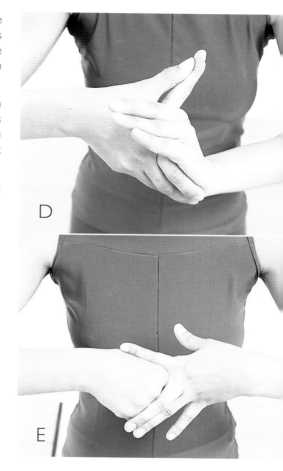

D

E

CONDITIONS MATÉRIELLES D'UN BON SHIATSU

L'ESPACE

La pièce dans laquelle vous allez donner votre shiatsu doit être calme, silencieuse et suffisamment spacieuse pour vous permettre de vous déplacer tout autour de votre partenaire sans aucune gêne.

Veillez à créer une atmosphère agréable et de détente en tamisant l'éclairage ou en allumant des bougies.

Selon vos goûts et ceux de votre partenaire, vous pouvez également parfumer la pièce avec des huiles essentielles ou un bâton d'encens. Certains praticiens préfèrent masser en silence ; d'autres utilisent des musiques de relaxation pour créer un environnement sonore propice au lâcher prise.

L'ÉQUIPEMENT

Traditionnellement le shiatsu se pratique au sol sur un futon placé sur un tatami ce qui autorise une pression ferme et confortable pour le partenaire. Si vous ne disposez pas de cet équipement vous pouvez faire votre massage sur un matelas posé à même le sol, ou sur plusieurs couvertures repliées et recouvertes d'un drap.

Un petit oreiller placé sous la tête rendra la position encore plus agréable ; de même, on mettra toujours une couverture à disposition pour couvrir les parties du corps non massées, maintenir la température interne et donner au partenaire un sentiment de sécurité.

LA TENUE

La tenue du masseur comme celle du partenaire doivent être suffisamment souples et amples pour ne gêner aucun mouvement. Un T-shirt et un pantalon de jogging en coton sont parfaitement adaptés. La personne massée peut préférer porter des vêtements légèrement plus épais et à manches longues si elle est frileuse. Masseur et massé seront tous deux pieds nus.

SAVOIR SE PLACER ET MAÎTRISER SON ÉNERGIE

UN BON SHIATSU DEMANDE DES PRESSIONS ADAPTÉES AUX BESOINS DU PARTENAIRE. CELLES-CI DOIVENT S'EXERCER SANS FORCER, QUELLE QUE SOIT LA PUISSANCE SOUHAITÉE. LE SECRET RÉSIDE DANS LA MAÎTRISE DU HARA, CENTRE ÉNERGÉTIQUE PRIMORDIAL D'OÙ PARTENT TOUTES LES ÉNERGIES DU CORPS. LES PRESSIONS NE SE FONT PAS AVEC LA FORCE MUSCULAIRE DES DOIGTS OU DU BRAS MAIS AVEC L'ÉNERGIE DU HARA.

Le Hara se situe dans le ventre, traditionnellement à environ quatre centimètres sous le nombril. Il symbolise le centre de gravité du corps et son énergie vitale. Le masseur doit se concentrer sur son Hara pendant le shiatsu afin de développer un état d'attention et de calme propice à un bon massage.

EXERCICE I

Pour mieux percevoir le centre énergétique aussi bien en posture statique qu'en mouvement.

POSITION **A** Asseyez-vous dans la position japonaise de seiza, à genoux au sol, fesses sur les talons.

MOUVEMENT • Posez ensuite vos mains sur le bas de votre ventre, juste sous le nombril. Fermez les yeux et respirez en laissant votre abdomen se gonfler à chaque inspiration ; concentrez-vous sur la respiration et sur cette partie de votre corps pendant toute la méditation.

Si des pensées surgissent, laissez-les passer tels des nuages dans le ciel, ne les développez pas. Après plusieurs minutes de cet exercice peut-être ressentirez-vous une douce chaleur se diffuser progressivement dans tout votre ventre. C'est le signe de la mise en mouvement de l'énergie dans votre Hara.

EXERCICE 2

POSITION **B** Placez maintenant vos deux mains bien à plat sur le sol devant vous, écartées de la largeur des épaules.

MOUVEMENT • Exercez une pression sur le sol avec vos paumes en essayant de sentir que la force vient directement du Hara et non des bras. Ensuite, déplacez le poids du corps progressivement vers l'avant jusqu'à venir à quatre pattes. Gardez votre attention sur le Hara en imaginant qu'il est votre centre de gravité.

L'IMPORTANCE D'UNE BONNE POSTURE

Pendant le massage, vous devez vous sentir à l'aise, bien centré ; évitez tout mouvement ou posture susceptibles de provoquer des douleurs dans le dos ou les articulations. En ménageant votre dos, vous améliorerez également la qualité de votre massage.

Si vous n'avez pas une position correcte, votre partenaire le ressentira immédiatement et les bienfaits du shiatsu en seront amoindris. Les postures au sol utilisées en shiatsu ne sont guère habituelles pour les Occidentaux et il vous faudra sans doute un certain temps pour qu'elles vous deviennent familières.

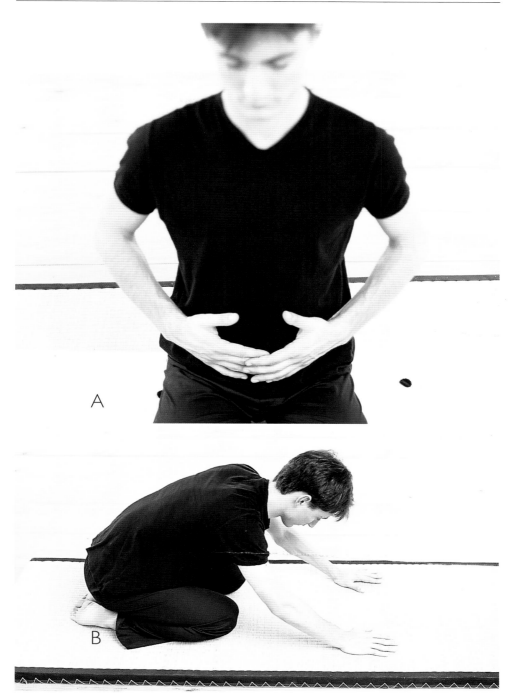

A

B

CINQ POSTURES DE BASE

POSITION A Assis en seiza les genoux rapprochés et les fesses sur les talons. Une grande partie du shiatsu se pratique dans cette position.

POSITION B Assis en seiza les genoux écartés ; cette position est jugée plus stable et plus confortable mais ne permet pas de faire l'ensemble des mouvements. Vous pouvez alterner ces deux postures.

POSITION C Demi-flexion, complète ou simple, assis sur un talon, le genou de l'autre jambe étant en demi-fente.

POSITION • Assis en squatt, les deux pieds à plat et les fesses décollées du sol. La plupart des Occidentaux ne trouvent pas cette position très agréable, elle est pourtant très utile et relaxante pour le masseur dans certains mouvements et représente une alternative à la position seiza.

POSITION D Le demi-squatt, à partir de la position précédente relevez le talon d'un seul pied et abaissez dans le même temps le genou correspondant. Cette variante permet de se déplacer facilement autour du partenaire à partir de la position en squatt.

Dans ces différentes postures, veillez toujours à rester relaxé, évitez toute tension, gardez une respiration calme, la nuque et les épaules relâchées.

Dégagez bien la poitrine et laissez votre abdomen se gonfler et se dégonfler au gré de vos respirations afin que le Ki puisse circuler librement.

Maintenez le regard posé deux à trois mètres devant vous car si vous regardez ce que font vos mains vous risquez de créer des tensions dans vos épaules.

Restez à l'écoute de votre corps et de celui de votre partenaire, adoptez une attitude d'ouverture aussi bien psychologique que corporelle.

N'oubliez pas que les mouvements doivent partir du Hara. Restez centré et bien stable sur le sol.

Privilégiez les postures dans lesquelles le poids de votre corps se répartit de façon harmonieuse sur différents points d'appui.

Pour protéger votre dos, restez à une bonne distance de votre partenaire et gardez le dos droit pendant tout le massage, sans rigidité ni crispation.

ALIGNER LE HARA

C'est un grand principe de base en shiatsu. Votre Hara, que vous êtes en train de masser, doit toujours faire face à la zone du corps du partenaire que vous soyez sur le côté de la personne, à ses pieds, à sa tête ou face à son dos comme dans la position assise. Votre menton doit être légèrement relevé pour favoriser la circulation énergétique.

Attention : si vous vous concentrez sur vos mains et oubliez vos jambes, il y a de grandes chances pour que la puissance de vos pressions vienne des épaules et non du Hara.

ESSAYEZ CET EXERCICE

POSITION E Placez-vous à quatre pattes en répartissant tout d'abord le poids de votre corps de façon égale entre les mains et les genoux.

MOUVEMENT F Transférez-le ensuite progressivement sur le genou droit et la main gauche, de telle sorte que vous puissiez soulever genou et main opposés. Inversez ensuite le transfert de poids pour faire l'exercice du côté opposé.

LES TECHNIQUES DE PRESSION

EN SHIATSU, LE MASSEUR UTILISE DIFFÉRENTES PARTIES DE SON CORPS POUR ADMINISTRER LES PRESSIONS : LES POUCES, LES DOIGTS, LES PAUMES, LES COUDES ET QUELQUEFOIS LES GENOUX.

LES PAUMES

De nombreux enchaînements débutent par le placement de la paume sur l'abdomen du partenaire, au niveau du Hara. C'est un excellent moyen d'établir le contact. Les paumes sont souvent utilisées en shiatsu car elles donnent une pression ferme et tonifiante sans être agressive. Elles permettent aussi au masseur de ressentir les tensions et la circulation énergétique du partenaire.

Pour exercer une pression des paumes, commencez par frotter vos deux mains l'une contre l'autre pour favoriser la circulation du Ki ; placez-vous de telle sorte que votre bras, coude légèrement fléchi, soit à la bonne distance de la zone à masser.

POSITION A Posez délicatement votre main, les doigts souples, décontractés et légèrement écartés. Au moment du contact, prêtez toute votre attention aux informations que votre main vous transmet sur votre partenaire. La zone est-elle tendue, douloureuse, sensible, décontractée ? Adaptez la pression aux réactions et au bien-être de votre partenaire.

Les maîtres de shiatsu affirment que l'énergie du masseur se transmet par l'intermédiaire d'un point situé au centre de la main, appelé le point Laogong. Concentrez-vous sur ce point. Quelquefois, pour exercer une pression plus précise à certains endroits du corps, le masseur utilise également le talon de la paume et non la surface entière de la main. Pour vous exercer à pratiquer la bonne pression, entraînez-vous sur un coussin.

LA MAIN DE SUPPORT

La plupart du temps on n'utilise qu'une seule main mais parfois les deux mains travaillent de façon simultanée. La main passive, appelée main de support, est tout aussi importante que la main qui exerce la pression. En théorie la main passive, Yin, est là pour équilibrer la main active, qui est Yang, afin d'harmoniser l'ensemble du traitement. En outre, la main passive permet d'écouter les réponses aux stimulations de la main active. Les deux mains formant un pôle positif et négatif relié à la batterie énergétique centrale représentée par le Hara du masseur. Sur le plan thérapeutique, la main passive se pose sur une zone « jitsu » tandis que la main active applique une pression sur une zone « kyo ». Avec de l'expérience, le praticien est à même de rétablir l'équilibre énergétique entre les différentes parties du corps.

POSITION B La main de support permet également de soutenir une partie du corps qui ne repose pas sur le sol. Cette technique renforce la pression exercée et donne un sentiment de sécurité au partenaire qui ainsi n'oppose pas ou peu de résistance.

En général, la main passive est placée sur la partie du corps la plus proche du Hara du partenaire, tandis que la main active travaille sur la zone proche des extrémités. L'ordre peut s'inverser et la main passive devenir active à son tour.

A

B

47

LA MAIN DE CONTACT

Il est important de garder une main en contact avec le corps de votre partenaire pour maintenir la communication tout au long du massage. Lorsque le contact se rompt, le partenaire peut ressentir une sensation d'inconfort ou d'abandon. Lorsque vous changez de position, pensez toujours à garder une main en contact avec la personne massée.

LA GUEULE DU DRAGON

Cette technique permet d'exercer une pression le long des lignes d'énergie des bras ou des jambes.

GESTE A Prenez appui avec le pouce placé sur un côté du membre tandis que vous exercez la pression de l'autre côté avec la phalange de l'index replié. L'écart entre le pouce et l'index est appelé symboliquement la gueule du dragon.

LA PRESSION DES POUCES ET DES DOIGTS

Les paumes permettent d'exercer des pressions larges sur l'ensemble des méridiens tandis que les pouces seront utilisés plus volontiers pour appliquer des pressions précises sur des zones plus étroites comme les tsubos, qui ont approximativement la largeur d'un pouce.

LE POUCE

C'est le doigt le plus puissant ; on l'utilisera surtout pour appliquer des pressions profondes. Il permet une stimulation importante du Ki, un très grand degré de pression afin de dissoudre les tensions musculaires dans de nombreuses parties du corps.

GESTE B Pratiquez la pression avec le pouce, votre main à angle droit par rapport à la zone traitée, avec la surface comprise entre l'extrémité du pouce et l'articulation de la phalange qui peut se plier légèrement. Utilisez le poids de votre corps et l'énergie du Hara qui se transmettra des épaules au bras pour atteindre les mains et le pouce.

N'exercez jamais de pression avec votre pouce replié vers l'intérieur de la main ou avec son extrémité : cela pourrait être inconfortable pour votre partenaire. Aidez-vous des autres doigts légèrement écartés pour contrebalancer la pression du pouce.

LES DOIGTS

Les doigts peuvent également exercer des pressions sur certaines zones très localisées comme le visage, où la pression du pouce serait trop forte. Les doigts des deux mains peuvent travailler simultanément ou séparément.

On peut également utiliser conjointement deux doigts — l'index et le majeur — notamment pour pratiquer des cerclages.

GESTE C On se sert aussi des doigts repliés, en particulier de l'index, pour exercer une pression avec l'extrémité de la phalange ; dans ce cas, le pouce sert généralement de contre-appui.

Entraînez-vous sur un coussin afin de développer votre puissance et la sensibilité du pouce et des doigts.

La pratique du shiatsu entraîne parfois des douleurs des pouces et des doigts, notamment chez le débutant. Dans ce cas, allégez votre pression, relaxez votre main et faites les exercices préparatoires de la main indiquée précédemment.

LA PRESSION DES COUDES, DES GENOUX ET DES PIEDS

LA MAIN EST L'OUTIL PRINCIPAL DU MASSEUR EN SHIATSU. LES COUDES, LES GENOUX ET LES PIEDS SONT PLUS INDIQUÉS POUR CERTAINS EXERCICES.

LES COUDES sont souvent utiles pour exercer des pressions très puissantes sur certaines zones. C'est le cas lorsque les tensions musculaires résistent à la pression des pouces ou lorsque le sujet est très musclé. Le plus souvent les coudes s'appliquent sur les fesses, les hanches, les épaules et sur certaines parties du dos. Utilisez-les à bon escient car la pression peut s'avérer douloureuse.

POSITON • Au préalable, positionnez-vous de telle sorte que votre bras soit perpendiculaire à la zone traitée ; repérez-la avec vos doigts, puis appliquer le coude en exerçant une pression très progressive mais constante.

GESTE A Utilisez le poids de votre corps pour doser la pression en fonction de votre partenaire ; l'autre main est passive pour garder le contact et capter ses réactions.

LES GENOUX servent à appliquer des pressions sur le dos et sur le bas du dos, notamment lorsque le partenaire est assis. Vous devez parfaitement maîtriser la pression exercée sur ces parties du corps pour ne pas le gêner. Utilisez votre poids pour contrebalancer et doser la pression avec vos deux mains en contre-appui.

Les genoux seront également utiles pour masser certaines zones comme les fesses et les cuisses.

GESTE B Commencez par poser le genou sur l'endroit à traiter sans exercer de pression ; placez une main en amont et l'autre en aval de la zone correspondante puis transférez progressivement votre poids pour appliquer la pression dans une limite confortable pour votre partenaire.

LES PIEDS sont utilisés en shiatsu, comme les coudes, pour exercer des pressions très puissantes sur certaines zones.

GESTE C Ils serviront également à stimuler l'énergie des pieds du partenaire lorsque celui-ci est allongé sur le ventre grâce à une marche alternée sur les plantes avec un transfert progressif du poids du corps pour augmenter la pression. Les talons restent au sol, les orteils sont dirigés vers ceux de votre partenaire, les genoux légèrement pliés afin de permettre un ajustement de la pression exercée.

Une pression soutenue et puissante est quelquefois nécessaire pour débloquer une zone en tension. Tout l'art du shiatsu réside dans le dosage des pressions : ni trop, ni trop peu. Tout est affaire d'expérience et de pratique. Certains thérapeutes avertis sont tellement conscients de l'énergie de la personne massée et de leur propre Ki qu'ils peuvent avoir des résultats spectaculaires avec un degré minime de pression et parfois même sans contact véritable. Certains maîtres de Qi gong et de shiatsu sont célèbres pour leur maîtrise de l'énergie et leur pouvoir de guérison.

C

LES DEGRÉS DE PRESSION

LE SHIATSU FAVORISE LE BON FONCTIONNE-
MENT DES ORGANES. LES PRESSIONS RÉPON-
DENT À DES CRITÈRES TRÈS PRÉCIS ET PERMET-
TENT DE TRAITER LE PATIENT TANT PSYCHO-
LOGIQUEMENT QUE PHYSIOLOGIQUEMENT.

UNE PRESSION PROLONGÉE

Le premier principe du shiatsu est l'application
de pressions prolongées pour lesquelles le thérapeute n'emploie pas sa force musculaire mais
soutient sa main active en se penchant plus ou
moins vers le patient pour doser le degré de
pression. On dit que lorsque la pression est
juste, les tsubos s'ouvrent, induisant un profond
état de détente propice aux changements
internes et à l'élimination du stress.

UNE PRESSION RÉGULIÈRE ET CONTINUE

Le deuxième principe du shiatsu est le maintien d'une pression continue et régulière, ce
qui sous-entend que le corps du thérapeute
reste absolument immobile pendant le
traitement. Masunaga affirmait que l'utilisation
de la pression continue et régulière est la
principale différence entre le shiatsu et d'autres
formes de thérapie manuelle. Le shiatsu peut
agir sur l'ensemble du corps avec une pression
appliquée en un seul point suffisamment long-
temps pour entraîner des changements
internes de l'organisme. On affirme que
lorsque le Ki et la stabilité accompagnent la
technique, il est difficile de déséquilibrer le
thérapeute même en le poussant très fort.

UNE PRESSION PERPENDICULAIRE

Une pression perpendiculaire est généralement
appliquée verticalement sur la surface du corps.
Toutefois, celle-ci n'est pas plate, ce qui oblige
le thérapeute à modifier parfois ses angles.
La plupart des pressions constantes et régulières sont exercées à angle droit par rapport
à la colonne vertébrale, l'axe central sur lequel
se répartissent les centres énergétiques. Pour
exercer une bonne pression, le dos et la tête
doivent être droits, le thérapeute ne doit pas
regarder ses mains ni pencher la tête dans leur
direction : cela risque de freiner la bonne
circulation du Ki.

LA MÉTHODE HO-SHA

La pression est appliquée par la main, le genou
ou le coude de façon active, ou « sha », tandis
que l'autre main est passive, ou « ho », pour
soutenir le corps du patient. Lorsqu'on exerce
la pression avec les pouces, quatre doigts assurent la partie « ho » tandis que les pouces
assurent la partie « sha ». Les pressions
constantes et régulières des deux mains doivent toujours être perçues comme si elles
avaient une source unique. La technique Ho-
sha atténue la distinction entre les deux mains
perçue par le patient, de même que la sépa-
ration entre le sujet et l'objet. En termes de Yin
et de Yang, la main « ho » est Ying et la main
Yang est « sha ». Puisque le Yin représente l'ensemble du corps, la main « ho » est davantage
qu'un simple soutien : c'est un canal à travers
lequel le thérapeute perçoit les réactions et
l'énergie de son patient.

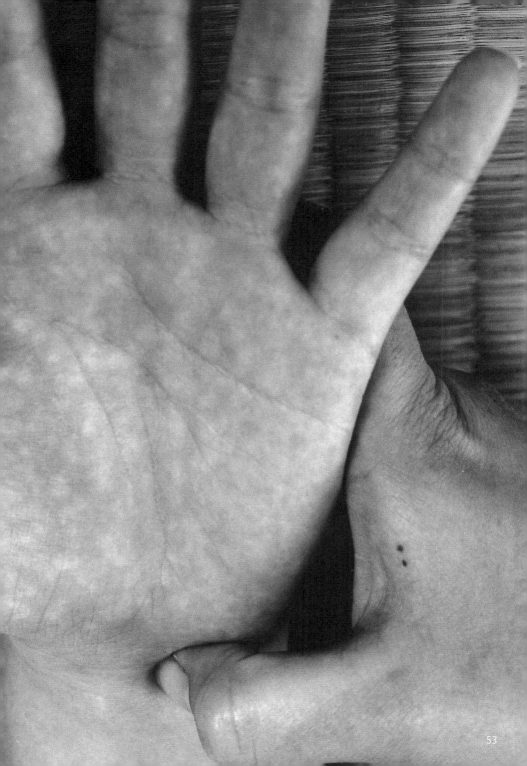

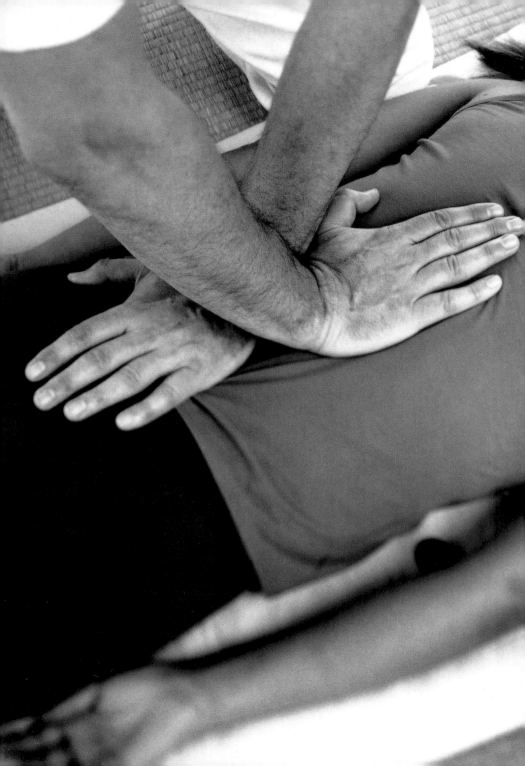

les enchaînements de base

MASSAGE DU PARTENAIRE ALLONGÉ SUR LE VENTRE

LA POSITION DU PARTENAIRE COUCHÉ SUR LE VENTRE EST RECOMMANDÉE POUR DÉBUTER UN SHIATSU. POUR LA PLUPART DES GENS, ELLE EST PLUS CONFORTABLE ET PROCURE UN SENTIMENT DE SÉCURITÉ ENCORE PLUS APPRÉCIABLE S'IL S'AGIT D'UN PREMIER CONTACT ET SI LE PATIENT NE CONNAÎT PAS ENCORE SON THÉRAPEUTE.

Il est en effet naturel et instinctif de vouloir protéger son ventre, une zone sensible de l'organisme. Par ailleurs, le méridien de la vessie est un puissant véhicule de l'énergie Yang qui circule de la tête aux orteils. Les muscles du dos et des épaules sont également souvent tendus à cause du stress de la vie quotidienne. Commencer le massage par ces parties du corps procurera une relaxation profonde au partenaire, qui sera ensuite plus réceptif à la suite du traitement. D'autres méridiens comme celui de l'intestin grêle sur les épaules, ou du Vaisseau Gouverneur également situés dans le dos sont très importants pour équilibrer la circulation énergétique globale.

PRÉPARATION

Demandez à votre partenaire de s'allonger sur le ventre sur le futon, la tête tournée sur le côté, les bras le long du corps et légèrement écartés du buste.
S'il le souhaite, placez un petit coussin sous son ventre pour détendre et soulager le bas du dos.

Asseyez-vous en seiza à côté de lui, vos genoux tournés vers sa tête.
Frottez vigoureusement vos mains l'une contre l'autre pendant quelques secondes pour les réchauffer et faire venir le Ki. Posez une paume sur le bas de son dos. Prenez une à deux minutes pour vous concentrer, calmer votre expiration, observer celle de votre partenaire ; centrez-vous sur votre Hara. Le contact de votre main doit inspirer au patient calme, confiance et sécurité.

LA MARCHE DE L'ÉLÉPHANT

POSITION A Placez-vous sur le côté de votre partenaire, assis en seiza, les genoux légèrement écartés. Posez vos paumes sur le haut de son dos.

GESTE B Transférez légèrement votre poids vers l'avant et faites une marche alternée des deux paumes en descendant jusqu'aux fessiers en aller-retour sur tout le dos.

CONSEIL • Évitez toute pression directe sur la colonne vertébrale et relâchez bien les épaules pour que l'énergie vienne du Hara.

Pratiquez ensuite le même mouvement de l'autre côté de la colonne, le long des muscles paravertébraux.

FIN DE L'ENCHAÎNEMENT • Après cet enchaînement, appliquez pendant quelques instants vos paumes au niveau des épaules, au milieu et au bas du dos du partenaire puis de chaque côté.

On appelle cette manœuvre la « marche de l'éléphant » car ce geste est lent, pesant et régulier.

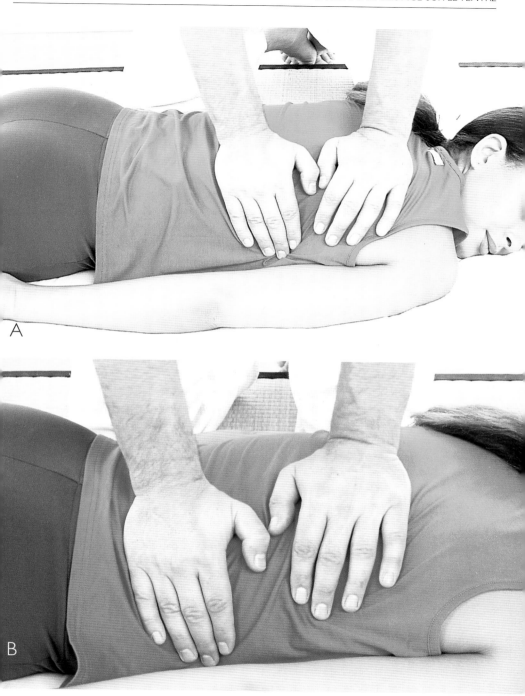

A

B

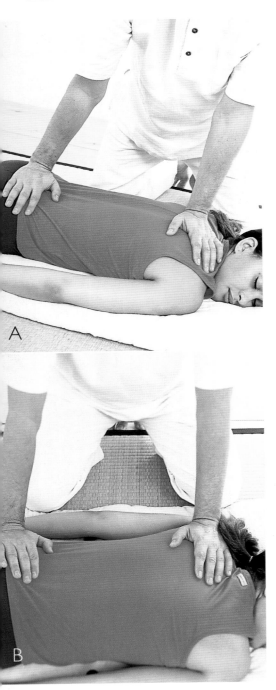

ÉTIREMENTS DE LA COLONNE VERTÉBRALE

LES PREMIERS MOUVEMENTS CONSISTENT EN DIFFÉRENTS ÉTIREMENTS DE LA COLONNE VERTÉBRALE POUR DÉTENDRE LES MUSCLES DORSO-LOMBAIRES ET FAVORISER LA CIRCULATION ÉNERGÉTIQUE DU MÉRIDIEN DE LA VESSIE.

ÉTIREMENT CENTRAL

POSITION • Posez une main sur le haut de la colonne vertébrale entre les deux omoplates, l'autre main sur le bas du rachis au-dessus du sacrum.

GESTE A Prenez quelques secondes pour percevoir la respiration et les éventuelles tensions de votre partenaire, puis étirez progressivement l'ensemble de la colonne vertébrale en exerçant une pression simultanée avec vos deux mains en sens opposé et en vous penchant plus ou moins en avant pour ajuster la puissance et le poids de votre corps.

Faites trois étirements successifs, un doux, un plus fort et de nouveau un doux.

ÉTIREMENT LATÉRAL

POSITION • Procédez de la même manière en déplaçant vos deux mains sur le flanc du patient le plus proche de vous, une main au niveau des omoplates, l'autre au-dessus des fessiers.

GESTE B Pratiquez trois étirements, un doux, un fort et un doux. Puis étirez de la même manière le flanc opposé.

ÉTIREMENT CROISÉ

POSITION • Placez maintenant une main sur l'omoplate, l'autre au-dessus du fessier opposé.

GESTE C Effectuez trois étirements, en diagonale, doux-fort-doux. Déplacez vos mains à l'inverse pour effectuer la même manœuvre en diagonale de l'autre côté.

ÉTIREMENT LOMBAIRE

POSITION D Placez une main sur le haut du sacrum, les doigts tournés dans la direction des pieds, l'autre main sur le haut des vertèbres lombaires, les doigts en direction de la tête du patient.

GESTE • Comme pour les précédents exercices, effectuez un étirement progressif du rachis lombaire avec trois temps, doux- fort-doux.

CONSEIL • Veillez à moduler la puissance de vos pressions en fonction des réactions de votre partenaire.

C

D

ÉTIREMENT DES FLANCS

POSITION • Placez vos deux mains, l'une contre l'autre, sur le haut de la cage thoracique et exercez une pression dirigée vers le côté du thorax en transférant progressivement le poids de votre corps vers l'avant pour étirer les muscles du dos.

Recommencez en mettant davantage de poids dans une main puis dans l'autre.

Répétez cet exercice dans les régions dorsale et lombaire, puis de l'autre côté.

CONSEIL • Pour tourner autour de votre partenaire en shiatsu, veillez toujours à garder une main en contact ; déplacez-vous tout d'abord au niveau de sa tête et reprenez ensuite votre posture de l'autre côté.

BERCEMENTS

POSITION • Comme pour l'exercice précédent, placez vos deux paumes l'une contre l'autre sur le haut du dos du patient.

GESTE • Commencez par faire de petits va-et-vient qui vont imprimer un mouvement de bercement du tronc pendant une minute ou deux.

Recommencez au niveau des dorsales, des lombaires et sur le sacrum.

LE CHAT

POSITION • Placez-vous à la tête du patient et appliquez vos paumes de part et d'autre des lombaires, sur le haut des fessiers en gardant les bras tendus, épaules relâchées.

GESTE • Pratiquez ensuite un étirement de la zone lombo-sacrée en poussant vos deux mains en direction des pieds.

Faites trois étirements consécutifs à des puissances différentes, doux-fort-doux.

Remontez ensuite le long du dos en marche alternée des deux paumes jusqu'au niveau des épaules.

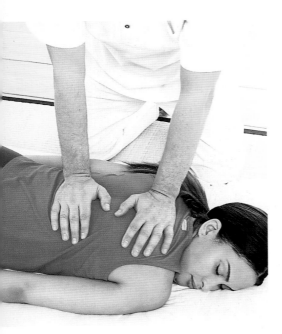

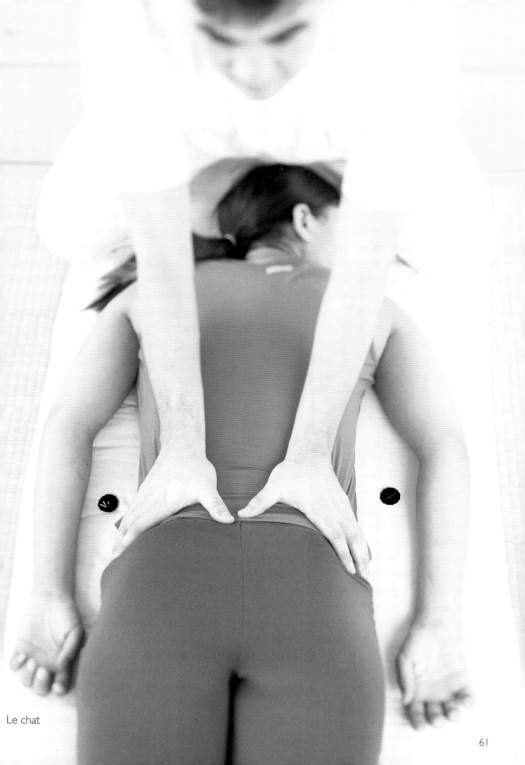

Le chat

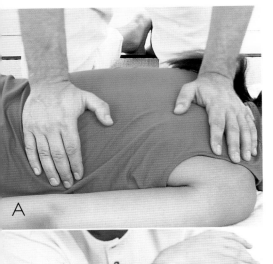

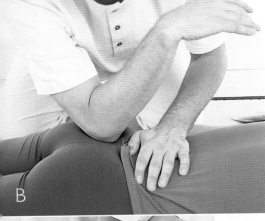

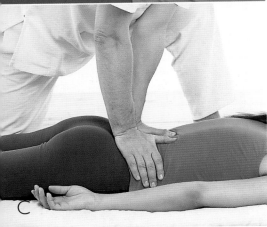

MASSAGE DU DOS

POSITION • Placez-vous sur le côté de votre partenaire dans la même position que pour les précédents mouvements.

GESTE A Posez une main sur l'omoplate opposée à vous ; l'autre main va exercer des pressions successives le long de la colonne vertébrale, sur les différents tsubos, jusqu'au-dessus du sacrum.

Répétez plusieurs fois l'exercice de haut en bas, notamment si vous ressentez des tensions dorsales. Procédez de la même manière pour l'autre côté.

MASSAGE DES FESSIERS

POSITION • Pour le massage des fessiers, la main passive se place sur le sacrum.

GESTE B Avec votre coude, effectuez une série de pressions successives en décrivant des cercles autour de chacun des fessiers.

Pour appliquer la pression, posez tout d'abord le coude sur le point que vous avez localisé puis pliez légèrement le bras en transférant le poids de votre corps sur la zone concernée.

CONSEIL • Procédez progressivement et avec contrôle car le massage au coude peut se révéler douloureux du fait de la puissance développée.

MASSAGE DU BAS DU DOS

POSITION • Le massage du bas du dos s'effectue en demi-fente avant (le genou relevé vers la tête du partenaire).

GESTE C Placez vos paumes de chaque côté de la colonne vertébrale, sur les muscles paravertébraux au niveau des lombaires.

GESTE • Transférez progressivement le poids de votre corps vers l'avant, pour doser la puissance de la pression exercée.

Restez à l'écoute des réactions de votre partenaire pour adapter la technique à ses besoins.

GESTE D Effectuez trois pressions successives en déplaçant à chaque fois vos deux mains légèrement vers le haut, puis revenez selon une séquence 1-2-3, 2-1.

GESTE • Pour terminer, croisez vos doigts et faites une pression-serrage de quelques secondes sur le sacrum en rapprochant vos paumes.

MASSAGE DES ÉPAULES

POSITION • Placez-vous à la tête de votre partenaire en position de seiza, genoux écartés.

GESTE E Posez vos mains entre les épaules, exercez une pression ferme et progressive en transférant le poids de votre corps vers l'avant. Répétez la séquence en déplaçant à chaque fois un peu plus vos mains vers l'extérieur du corps.

Recommencez plusieurs fois l'enchaînement en repartant du centre.

CONSEIL • Exercez une pression égale et symétrique sur chacune des épaules.

RELAXATION FINALE

POSITION • Placez-vous au-dessus de votre partenaire de manière à bien aligner votre Hara et à garder les bras perpendiculaires à la pression.

GESTE F Faites une marche alternée des deux mains de chaque côté de la colonne vertébrale du haut des épaules vers les fessiers, puis en sens inverse.

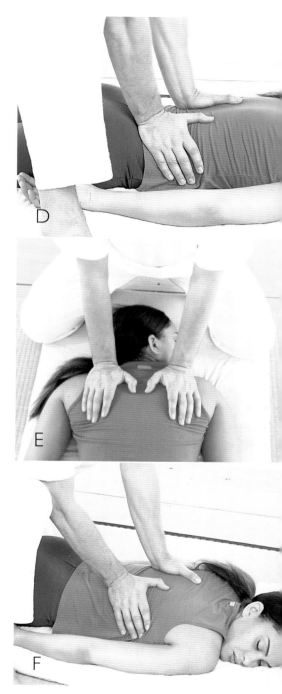

D

E

F

MASSAGE DU HAUT DU CORPS, SUITE…

POUR APPROFONDIR

Le dos et les épaules sont souvent le siège de grandes tensions musculaires accumulées par le stress. Pour compléter les techniques précédentes, il est souhaitable de poursuivre le shiatsu de cette partie du corps par des pressions des pouces plus profondes et plus localisées.

MASSAGE DES ÉPAULES AVEC LES POUCES

POSITION • Dans la même position que pour le massage des épaules.

GESTE • Appliquez des pressions des pouces sur les tsubos du méridien de l'intestin grêle. Une main reste posée sur l'omoplate tandis que l'autre exerce les pressions sur l'épaule opposée.

CONSEIL • Les pouces seront toujours placés à 90° par rapport au point traité.

La pression, progressive et continue, donnée sur l'expiration du patient, dure en moyenne une dizaine de secondes. Relâchez de la même manière, progressivement et sur l'expiration.

GESTE • Déplacez votre pouce par pressions successives sur toute la ligne de l'intérieur vers l'extérieur. Pratiquez de même de l'autre côté.

HAUT DU DOS

GESTE A Poursuivez par le traitement du haut du dos en gardant la même position ; exercez les pressions des pouces symétriquement le long de la branche interne du méridien de la vessie.

POUR LE TRAITEMENT DES RÉGIONS DORSALE ET LOMBAIRE

POSITION B Revenez en demi-fente et appliquez des pressions simultanées des pouces sur la suite du méridien de la vessie.

GESTE • Déplacez à chaque fois vos pouces de quelques centimètres vers le bas avant d'exercer une nouvelle pression. Restez bien dans la gouttière para-vertébrale et exercez des pressions symétriques.

CONSEILS • Pour dénouer une tension rebelle sur une zone précise, vous pouvez, utiliser votre coude comme pour le massage des fessiers. Restez attentif aux réactions de votre partenaire car la pression des coudes peut être très douloureuse.

B

MASSAGE DE L'ARRIÈRE DES CUISSES, DES JAMBES ET DES PIEDS

À l'arrière des jambes se trouvent la fin du méridien de la vessie, qui conduit l'énergie Yang vers le bas, et le début du méridien des reins, qui amène l'énergie Yin vers le haut du corps. Ces deux méridiens, en rapport avec l'élément Eau, jouent un rôle essentiel dans l'équilibre énergétique global de l'organisme.

POSITION • Placez-vous sur le côté de votre partenaire face à ses hanches. Prenez la position seiza, genoux écartés. Placez une main passive sur le sacrum.

GESTE A De la main active, exercez une série de pressions successives depuis le haut de la cuisse jusqu'au genou. Les pressions sont fermes, appuyées, appliquées sur l'expiration du partenaire et durent en moyenne cinq secondes.

CONSEIL • Pour augmenter votre pression, déplacez le poids de votre corps vers l'avant en vous concentrant sur votre Hara. Rappelez-vous que sa puissance vient de ce centre énergétique et non des muscles des bras ou du pouce.

GESTE B Appliquez ensuite une pression du pouce comme précédemment le long du méridien de la vessie. On peut également faire ces tsubos avec la technique de la gueule du dragon (voir page 48).

CONSEIL • Adaptez vos pressions à la sensibilité de votre partenaire. Attention à ne pas faire de pressions sur la cuisse ou la jambe de personnes présentant des problèmes circulatoires ou des varices.

Pour le massage des jambes, on procédera de la même manière, avec des pressions de la main active le long du mollet jusqu'à la cheville, la main passive restant posée sur le sacrum.

GESTE C Massez ensuite par pressions successives du pouce la ligne centrale le long du mollet qui correspond au méridien de la vessie.

GESTE D Poursuivez en plaçant la main passive comme support autour de la cheville, tandis que la main active exerce des pressions du pouce le long du méridien de la vessie, le long du bord externe du pied.

GESTE E Terminez la séquence debout, pour appliquer avec vos talons une pression profonde au niveau du point N°1 du méridien des reins, situé au centre de la plante du pied.

Aidez-vous du poids de votre corps pour exercer une pression progressivement croissante.

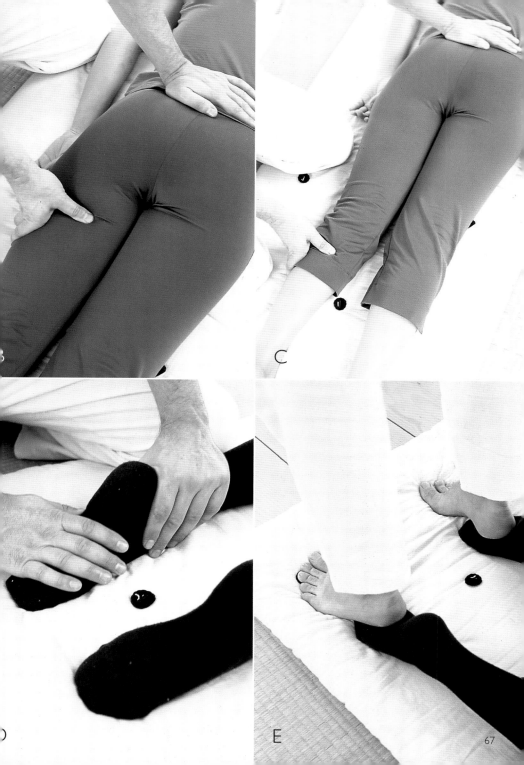

C

E

STRETCHING DES JAMBES

Cette séquence de stretch permet à l'énergie mise en mouvement par les pressions sur les jambes de mieux circuler et de passer aisément la barrière des articulations des genoux et des hanches. Par ailleurs, elle prépare au travail énergétique sur les méridiens de l'Estomac et de la Rate que nous pratiquerons ultérieurement.

Le stretching en shiatsu est toujours progressif et respecte les limites de la souplesse du partenaire.

Évitez ces manœuvres chez les personnes présentant des problèmes de genoux ou de hanches. Veillez au bon positionnement de votre corps, gardez le dos bien droit.

POSITION A Placez-vous sur le côté de votre partenaire en demi-fente avant, le pied posé à la hauteur de sa hanche. Posez la main passive sur le sacrum, saisissez le dessus du pied avec votre autre main, la jambe étant fléchie.

GESTE B Amenez progressivement le talon vers la fesse du partenaire, en respectant son degré de souplesse.

GESTE • Ramenez ensuite la jambe perpendiculairement au genou et recommencez un nouveau stretch en la fléchissant vers l'extérieur du fessier.

GESTE • Revenez au point de départ et recommencez avec une dernière flexion vers l'intérieur du fessier.

POSITION C Pour intensifier l'étirement, asseyez-vous en seiza au niveau des hanches de votre partenaire et placez votre genou externe sous celui du patient.

GESTE • Placez-vous face à la cheville du patient. Posez le dessus de son pied sur le haut de votre cuisse externe, votre genou interne reposant sur la face postérieure de sa cuisse.

GESTE D Avec votre avant bras, pratiquez des massages roulés sur toute sa plante de pied, du talon vers les orteils, plusieurs fois de suite.

Procédez de même de l'autre côté.

Avant de demander à votre partenaire de se retourner, poursuivre le massage allongé sur le dos, laissez-lui quelques instants de repos pour intégrer les diverses stimulations qu'il vient de recevoir.

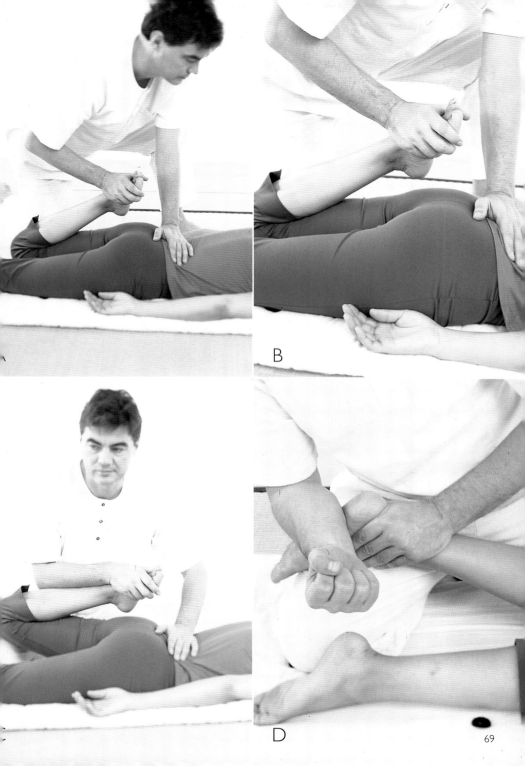

B

D

MASSAGE DU PARTENAIRE ALLONGÉ SUR LE DOS

SE CENTRER SUR LE HARA

POSITION A Pour commencer le massage dans cette position, placez-vous assis en seiza sur le côté de votre partenaire. Celui-ci peut être assis ou allongé sur le dos. Posez une main sur son abdomen au niveau du nombril. Concentrez-vous sur votre Hara quelques instants, observez la respiration de votre patient et accordez-vous avec elle.

MASSAGE DES BRAS ET DES ÉPAULES

La première séquence dans cette position concerne le massage des bras et des épaules qui va stimuler les méridiens des poumons et du gros intestin, tous deux très impliqués dans la vitalité générale de l'organisme. Le méridien du cœur sera également traité ainsi que le Maître du cœur, très utiles pour éliminer stress et tension nerveuse.

POSITION • Placez-vous sur le côté de votre partenaire en demi-fente avant, le pied à la hauteur de son épaule.

GESTE B Saisissez son poignet et commencez par secouer doucement le bras d'avant en arrière, puis de bas en haut pour faciliter la détente et le relâchement de l'épaule.

GESTE C Posez une main sur l'épaule du patient tandis que vous amenez avec votre autre main son bras au-dessus de sa tête (en fonction de sa souplesse).

GESTE • Ramenez ensuite le bras en décrivant un grand cercle sur le côté et reposez-le doucement au sol, le long du buste, légèrement écarté du corps.

POSITION • Prenez la position de seiza, genoux écartés. La main passive saisit le poignet.

GESTE D La main active effectue des pressions sur le bras depuis l'épaule jusqu'au poignet en aller-retour le long du méridien des poumons, qui décrit une ligne de la base du pouce au sommet de l'épaule.

GESTE • Exercez ensuite des pressions successives du pouce le long de ce méridien.

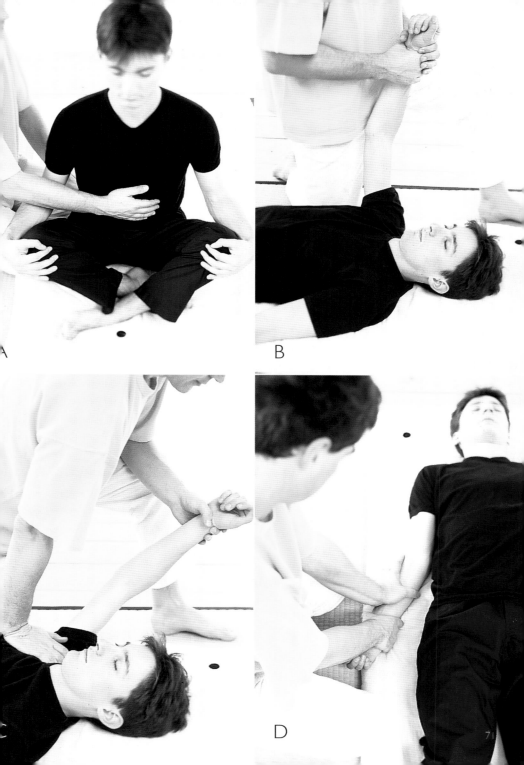

A

B

D

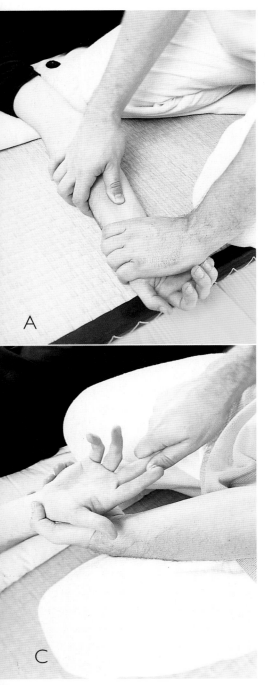

A

C

POSITION • Placez maintenant le bras de votre partenaire perpendiculairement à son corps.

GESTE A Effectuez des pressions successives des pouces le long du méridien du Maître du cœur.

GESTE B Déplacez lentement le bras de votre partenaire au-dessus de sa tête de manière à exercer des pressions successives des paumes le long du méridien du Cœur.

MASSAGE DES MAINS ET DES DOIGTS

GESTE C Malaxez doucement entre vos doigts la main de votre partenaire, puis effectuez des cercles du pouce le long de chacun des doigts, suivis d'un léger étirement par traction du doigt entre le pouce et l'index replié.

Pratiquez ensuite la même séquence de l'autre côté en inversant les positions.

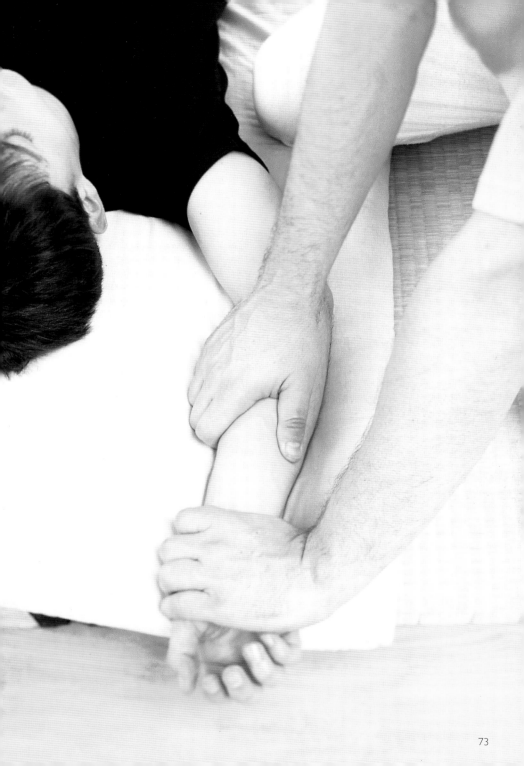

MASSAGE DE LA TÊTE ET DU COU

Être allongé sur le dos est idéal pour effectuer un massage relaxant du cou et du visage. Il existe de nombreux points d'acupuncture et tsubos sur cette partie du corps, situés sur les méridiens Yang de l'intestin grêle, du gros intestin, du triple réchauffeur, de la vésicule biliaire, de la vessie et de l'estomac. Le Vaisseau Gouverneur, méridien Yang est également accessible au niveau du visage en particulier pour la pression d'un tsubo important situé entre les deux sourcils, souvent massé pour son action calmante et harmonisante.

Chez les personnes stressées, le surcroît d'énergie Yang a tendance à s'échapper vers les parties hautes du corps, entraînant des migraines, des tensions dans la nuque, des problèmes oculaires ou ORL, et une grande irritabilité. Le shiatsu à ce niveau permettra de soulager ces troubles.

POSITION • Placez-vous à la tête de votre partenaire en position de seiza, genoux écartés. Disposez un coussin entre vos genoux pour soutenir sa tête et lui procurer un plus grand confort.

GESTE A Saisissez avec vos deux mains la base de son crâne et, très doucement, pratiquez des étirements de la nuque sur l'expiration.

GESTE • Commencez dans l'axe du corps puis tournez légèrement la tête d'un côté et de l'autre pour faire deux nouveaux étirements qui vont permettre de lever les tensions de la nuque et au Ki de mieux circuler vers le visage et le sommet du crâne.

GESTE B Commencez le massage du visage par des cercles sur les tempes dans le sens des aiguilles d'une montre avec deux ou trois doigts.

GESTE • Massez ensuite par acupression et cercles les différentes lignes énergétiques du visage avec la pulpe des index. Soyez précis et doux.

GESTE • Travaillez tout d'abord les zones du front, puis le pourtour des yeux, les joues et le menton en suivant bien les contours du visage et en séparant les séquences par des cercles au niveau des tempes.

GESTE C Tournez la tête de votre partenaire d'un côté, soutenez-la avec une main tandis que l'autre main exerce des pressions successives du pouce le long d'une ligne allant du lobe de l'oreille jusqu'à la base du cou, directement sur le muscle sterno-cléido-mastoïdien.

Procédez de la même manière de l'autre côté.

GESTE D Appliquez ensuite des pressions des pouces sur la ligne centrale du cuir chevelu en vous déplaçant de la base du front vers l'arrière, ainsi qu'une pression plus appuyée avec vos deux pouces l'un sur l'autre sur le point du Vaisseau Gouverneur situé au sommet du crâne.

GESTE • Du bout des doigts, faites ensuite de petits cercles sur l'ensemble du cuir chevelu comme pour faire un shampooing.

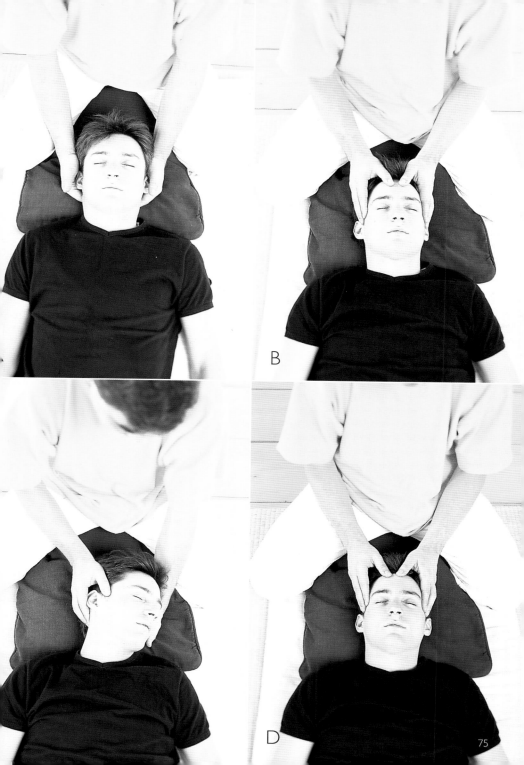

B

D

MASSAGE DES HANCHES ET DES JAMBES

Le shiatsu sur les hanches et les jambes en position allongée est un travail sur de nouveaux méridiens comme ceux de l'estomac et de la rate, impliqués notamment dans les problèmes digestifs. Un déséquilibre du méridien de la rate est aussi responsable de nombreux troubles liés au cycle menstruel. Dans cette section on travaillera également sur le méridien de la vésicule biliaire et du foie, dont l'énergie en rapport avec l'élément Bois est associée entre autres aux problèmes tendino-musculaires. Pour cette séquence, vous devrez être très vigilant sur la puissance des pressions appliquées. Certaines parties de la jambe supportent une pression importante, d'autres, comme l'intérieur de la cuisse, sont beaucoup plus sensibles.

Attention à ne pas faire de shiatsu de la hanche aux personnes souffrant de douleurs articulaires.

Le shiatsu de cette partie du corps commence par une mobilisation de l'articulation de la hanche afin de favoriser la circulation énergétique au niveau des méridiens et d'ouvrir les tsubos correspondants.

POSITION • Placez-vous à genoux au niveau de la hanche de votre partenaire, votre buste dans la direction de sa tête.

GESTE A Placez votre main externe sur sa hanche ; l'autre main, sur son genou, effectuera des cercles de plus en plus grands, dans un sens puis dans l'autre. Respectez le degré de souplesse de votre partenaire.

POSITION • Déplacez-vous pour faire face à ses hanches, jambe fléchie, pied au sol.

GESTE B Avec votre main passive, saisissez le genou en contre-appui tandis que vous appliquez des pressions successives du coude avec l'autre bras, le long d'une ligne parcourant le milieu de la face externe de la cuisse.

GESTE • Fléchissez ensuite la jambe sur le thorax avant de l'allonger sur le sol.

GESTE • Posez votre main passive sur sa hanche tandis que vous exercez des pressions successives avec la main active, des hanches jusqu'au genou.

GESTE • Repliez la jambe sur le sol de telle sorte que le talon soit placé à côté du genou de l'autre jambe.

CONSEIL • Pour plus de confort vous pouvez disposer un petit coussin sous le genou du patient ou le laisser reposer sur votre cuisse.

GESTE C Posez une main sur le ventre de votre partenaire tandis que vous appliquez avec l'autre des pressions successives du pouce sur une première ligne allant du genou à la hanche au centre du dessus de la cuisse, et sur une deuxième ligne qui longe la face interne de la cuisse.

POSITION • Placez-vous en demi-fente avant dans l'axe de la jambe repliée.

GESTE D Gardez toujours une main posée sur l'abdomen du partenaire tandis que vous exercez sur le genou avec l'autre main, une série de pressions dirigées vers le bas.

CONSEIL • Les pressions doivent être progressives et respecter la souplesse du patient.

Pratiquez la même séquence en inversant les positions.

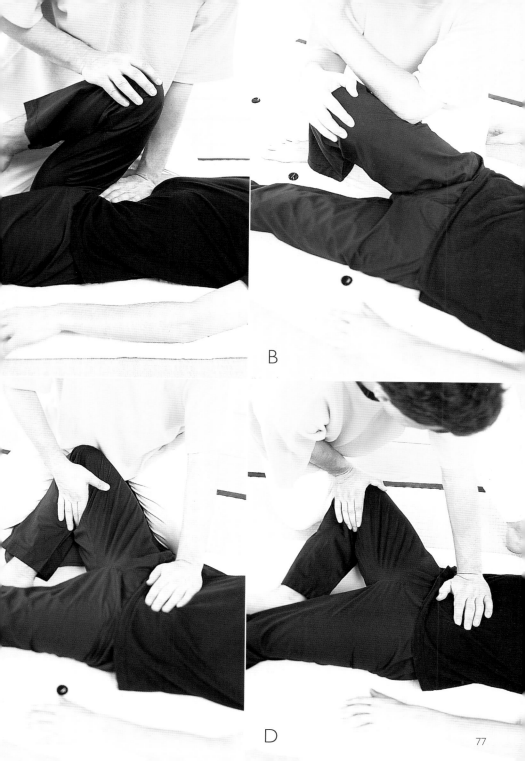

B

D

LE MASSAGE DES PIEDS

POSITION • Placez votre main active sur le dessus du pied pour exercer une série de pressions progressives vers le sol afin d'étirer la cheville.

GESTE A Déplacez-vous dans l'axe du pied. Une main supporte le talon, l'autre exerce des pressions successives du pouce sur les méridiens du foie, de l'estomac et de la vésicule biliaire.

GESTE • Après les pressions, relaxez les points traités en faisant de petits cercles avec la pulpe du pouce.

GESTE • Inversez la position des mains de manière à pouvoir masser plus aisément, avec des pressions du pouce, le méridien de la vessie situé sur la partie externe du pied.

GESTE • Appliquez ensuite des pressions du pouce sur les méridiens du rein et de la rate, sur la partie interne du pied.

Inversez les positions pour pratiquer la même séquence sur l'autre pied.

POSITION B Changez de position, mettez-vous debout aux pieds du partenaire, les genoux légèrement fléchis, le dos droit. Saisissez ses chevilles et levez ses jambes de 45 degrés environ.

GESTE • Balancez légèrement ses jambes de droite à gauche et de gauche à droite. Exercez une vibration alternative avec votre poignet dans un mouvement haut-bas.

GESTE • Étirez-les vers vous très progressivement.

GESTE • Repliez ses jambes sur le thorax avant de les allonger doucement sur le sol.

B

A

LE MASSAGE DU PARTENAIRE ALLONGÉ SUR LE CÔTÉ

MASSAGE DES ÉPAULES ET DU BRAS

Cette position permet un massage plus complet, parce que plus accessible, de différents méridiens comme le Triple Réchauffeur, la vésicule biliaire, le foie, le Maître du Cœur.

La première séquence concerne la mobilisation de l'épaule et le stretching du bras afin de favoriser la circulation énergétique dans cette partie du corps.

POSITION • Demandez à votre partenaire de se tourner sur le côté, la jambe supérieure demi-fléchie. Asseyez-vous en seiza au niveau de son épaule.

GESTE A Saisissez le haut de l'épaule avec vos deux mains, une main passant sous le bras de votre partenaire pour exercer des rotations de l'épaule dans un sens puis dans l'autre, en amplifiant progressivement le mouvement.

POSITION B Placez-vous ensuite en demi-fente avant, prenez le bras tendu de votre partenaire. La main externe, active, saisit le poignet tandis que la main interne vient se poser en soutien sur l'épaule.

Calez bien le bras contre votre torse avant d'exercer une série de trois ou quatre étirements vers le haut pour décontracter l'articulation de l'épaule.

GESTE C Étendez ensuite le bras vers la tête, la main passive placée sous l'aisselle tandis que la main active effectue une série de trois ou quatre étirements de tout le bras en direction de la tête.

MASSAGE LATÉRAL DE LA TÊTE ET DU COU

Nous avons déjà massé la tête et le cou en position allongée sur le ventre ; le massage en position latérale viendra compléter ces manœuvres, particulièrement sur certains tsubos du méridien du Triple Réchauffeur et de la vésicule biliaire, qui seront plus accessibles.

POSITION • Placez-vous à la tête de votre partenaire et posez délicatement vos mains, réunies en ailes d'oiseau, sur le cuir chevelu et sur le front.

GESTE • Gardez cette position quelques instants pour permettre au patient de se relaxer complètement.

POSITION D Tournez-vous légèrement pour pouvoir poser vos paumes sur le cuir chevelu et sur la tempe du sujet.

GESTE E La première main reste passive tandis que la seconde exerce ensuite des pressions successives du pouce le long des méridiens situés sur le côté de la tête, dessinant le pourtour de l'oreille avec le méridien de la vésicule biliaire jusqu'au sourcil en suivant le Triple Réchauffeur.

GESTE F Placez ensuite une main sur le front ; avec l'autre main pratiquez des pressions du pouce le long du méridien de la vésicule biliaire, sur une ligne reliant l'arrière de l'oreille à la base du cou.

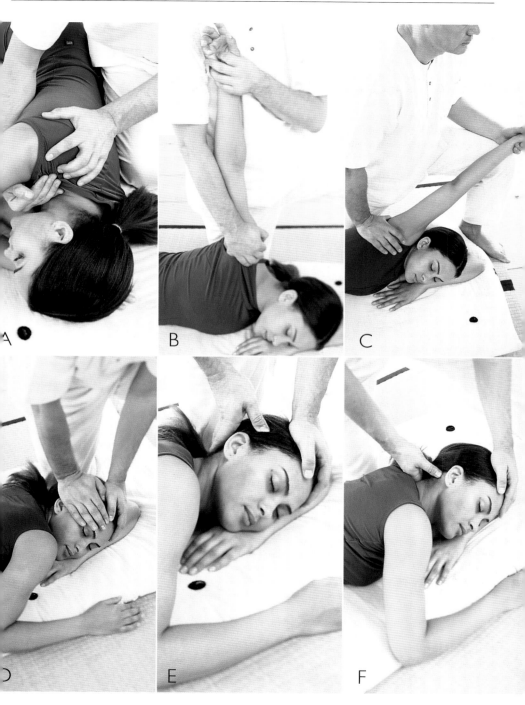

A

B

C

D

E

F

MASSAGE EXTERNE
DU BRAS ET DE LA MAIN

Cette séquence va permettre de masser la partie externe du bras où sont situés les méridiens Yang de l'intestin grêle, du Triple Réchauffeur et du gros intestin.

Secouez légèrement le bras pour bien le relaxer et replacez-le ensuite le long du thorax.

POSITION A Positionnez-vous face au dos de votre partenaire. Posez une main sur son épaule et de l'autre pratiquez des pressions de la paume sur toute la face externe du bras jusqu'à la main.

GESTE B Massez ensuite, avec le pouce, le méridien qui parcourt le milieu de la face externe du bras.

GESTE • La main passive se déplace pour venir saisir et supporter le poignet, l'autre main exerce cinq rotations sur la main du partenaire dans un sens puis cinq dans l'autre sens.

GESTE • Appliquez ensuite une pression du pouce dans l'interstice situé à la base de chacun des doigts.

GESTE C Faites un étirement de chaque doigt en les saisissant un à un entre pouce et index.

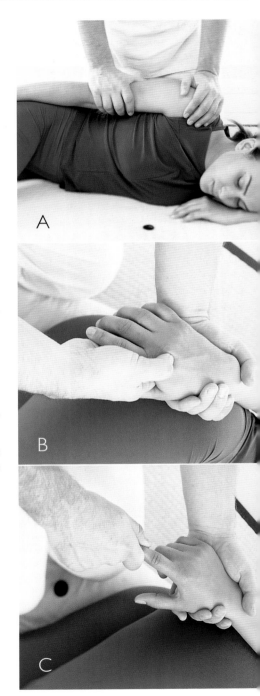

A

B

C

STRETCHING LATÉRAL

En shiatsu les étirements permettent de libérer le Ki au niveau des articulations et de mettre en mouvement l'énergie globale du corps. En position latérale seront davantage concernés les méridiens du foie et de la vésicule biliaire, en rapport avec l'élément Bois, source de souplesse physique et mentale.

Demandez à votre partenaire de placer son bras au-dessus de sa tête, dans l'axe du corps.

POSITION A Positionnez-vous face au milieu du dos du patient. Croisez vos bras de manière à placer une main au-dessus des hanches et l'autre au niveau de l'aisselle.

GESTE • Servez-vous du poids de votre corps pour exercer un étirement progressif de tout le flanc externe du patient.

GESTE B Placez vos deux avant-bras au niveau de la taille de votre partenaire et pratiquez un massage roulé avec les avant-bras, qui se déplacent l'un vers la hanche, l'autre vers l'épaule.

GESTE C Terminez en plaçant vos mains dans la position de la gueule du dragon pour appliquer des pressions successives sur tout le flanc, de la hanche à l'épaule et retour.

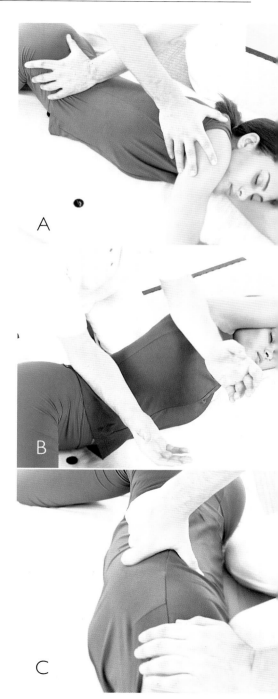

A

B

C

MASSAGE DES JAMBES

Le massage des jambes en position latérale permet de traiter le méridien Yang externe de la vésicule biliaire et le méridien Yin interne du foie, des reins et de la rate.

Vérifiez bien la position de votre partenaire : la jambe externe repliée à 90°, genou au sol ou sur un petit coussin.

POSITION • En seiza face au bassin du partenaire.

GESTE A Placez une main sur sa hanche et appliquez une pression continue et profonde avec votre coude sur les fessiers, au niveau de la tête fémorale.

Soyez attentif aux réactions de votre partenaire : cette pression peut être douloureuse.

GESTE • Ensuite, par pressions successives de votre coude, décrivez un cercle tout autour de la fesse.

GESTE B Appliquez des pressions en roulé le long de la partie externe de la cuisse en direction du genou.

GESTE • Exercez ensuite des pressions successives des paumes sur la jambe, du genou à la cheville.

A

GESTE C Pratiquez de l'acupression sur la ligne externe de la cuisse et de la jambe, sur toute la partie médiane, de la hanche à la malléole externe.

GESTE D Poursuivez jusqu'au niveau du pied. Posez une main en support sur la cheville ; l'autre main exerce des pressions du pouce sur la partie terminale du méridien de la vésicule biliaire, sur le bord externe du pied jusqu'à l'espace situé entre les quatrième et le cinquième orteils.

GESTE E Pratiquez ensuite des pressions successives de la paume sur toute la partie interne de la cuisse et de la jambe étendue au sol, la main passive restant cette fois en support sur les hanches.

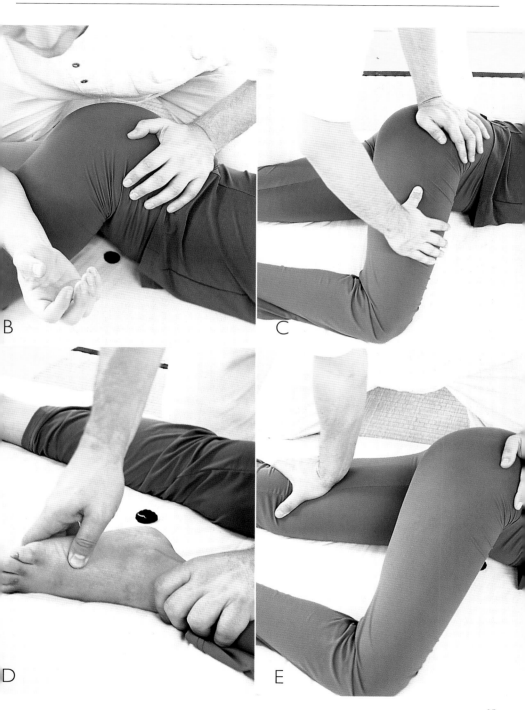

B

C

D

E

LE MASSAGE EN POSITION ASSISE

CETTE SÉQUENCE EST LA DERNIÈRE PARTIE DU MASSAGE SHIATSU DE BASE. ELLE PEUT ÉGALEMENT CONSTITUER UN SHIATSU À PART ENTIÈRE BEAUCOUP PLUS COURT. AUTRE AVANTAGE, CET ENCHAÎNEMENT EST FACILE À RÉALISER AU TRAVAIL.

LE MASSAGE ASSIS PERMET DE COMPLÉTER LE MASSAGE DE BASE ET DE RELAXER LA NUQUE ET LE DOS, PARTICULIÈREMENT SENSIBLES AU STRESS ET AUX TENSIONS.

POSITION A La position la plus commode pour recevoir ce massage est la position assise en tailleur au sol. Certains trouveront plus confortable de s'agenouiller avec un coussin sous les fesses.

Pour les sujets qui manquent de souplesse ou les personnes âgées, on peut également utiliser une chaise ordinaire retournée pour que le dossier serve d'accoudoir. On trouve dans le commerce des chaises spécialement étudiées pour le massage assis.

Comme pour les autres séquences, adaptez vos pressions au ressenti de votre partenaire. Le massage assis permet de réguler l'excès d'énergie Yang du haut du corps, souvent responsable de migraines, maux de tête et tensions dans la nuque.

On équilibre les méridiens Yang qui passent au niveau des épaules comme la vésicule biliaire, le Triple Réchauffeur et l'intestin grêle.

POSITION • Mettez-vous debout derrière votre partenaire.

GESTE B Appliquez vers le bas une série de pressions successives avec les paumes retournées. Déplacez-vous progressivement de la base de la nuque jusqu'à l'articulation de l'épaule.

POSITION • Placez-vous à genoux.

GESTE C Continuez la relaxation des trapèzes par des roulés simultanés des deux avant-bras sur les épaules, de la base du cou vers l'extérieur. Répétez l'exercice deux ou trois fois.

GESTE • Placez-vous maintenant en demi-fente avant, posez le bras du partenaire sur votre genou, saisissez son poignet avec votre main externe pour le maintenir.

GESTE D Avec votre autre bras, appliquez des pressions successives des coudes sur la même ligne des épaules que précédemment.

Procédez de même de l'autre côté.

POSITION • Revenez dans la position antérieure pour supporter d'une main le front du patient.

GESTE • Avec l'autre bras, exercez des pressions du coude sur la même ligne que précédemment et une pression plus soutenue sur le point vésicule biliaire VB 21, au centre de cette ligne, juste sur le dessus des épaules.

Ce point est très important pour réguler l'énergie Yang dans cette partie du corps.

GESTE • Poursuivez par un malaxage très doux de la nuque avec votre main active. Procédez de même de l'autre côté en inversant les positions.

A

B

C

GESTE A Posez une main sur l'épaule gauche. Avec l'autre main, massez par pressions successives de la paume le long de la colonne vertébrale sur le côté opposé. Inversez les positions pour l'autre côté.

POSITION B Demandez à votre partenaire de se pencher le plus possible vers l'avant et si possible de poser le front au sol. Pour cette manœuvre la position à genoux est beaucoup plus commode.

GESTE • Pratiquez une marche alternée des paumes de chaque côté de la colonne vertébrale, du sacrum vers la nuque et retour.

GESTE C Placez une main en contre-appui sur l'épaule gauche du patient ; avec l'autre main, pratiquez des pressions successives du pouce le long du bord de l'omoplate en suivant ses contours. Il est parfois plus facile de demander à son partenaire de placer sa main dans le dos. Faites ensuite la même chose de l'autre côté.

GESTE • Continuez le massage par pression des pouces de chaque côté sur les épaules et le long du méridien de la vessie.

GESTE • Terminez par un malaxage en pression des deux mains sur le haut du dos et des épaules.

GESTE D Saisissez les bras de votre partenaire, étirez-les simultanément dans l'axe vers le haut ; relâchez d'un coup la prise sur son expiration, pour que l'épaule revienne à sa position initiale. Recommencez une à deux fois si nécessaire pour bien décontracter les épaules.

FIN DE LA SÉANCE

POSITION E Demandez à votre partenaire de s'allonger à nouveau, couvrez-le d'une couverture légère et placez délicatement une main sur son abdomen. Prenez quelques instants pour vous recentrer sur votre Hara tandis qu'il intégrera les diverses stimulations corporelles et énergétiques qu'il vient de recevoir.

Prenez soin de consigner les informations qui concernent votre partenaire et vos observations sur une fiche. Elles vous serviront de point de repère pour une prochaine séance. Votre partenaire quant à lui prêtera attention aux bienfaits obtenus et aux éventuels effets secondaires, toujours bénins. Il peut s'agir de sensations de froid ou de chaud immédiatement après la séance, de fatigue ou au contraire d'un regain inhabituel d'énergie, de troubles du sommeil, de courbatures, de mictions plus abondantes... Ces signes fonctionnels ou réactions Menken témoignent d'une mise en mouvement de l'énergie chez le patient, chaque personne réagissant d'une façon qui lui est propre. Ils ne durent en général pas plus de 48 heures et laissent place aux nombreux bienfaits que procure le shiatsu.

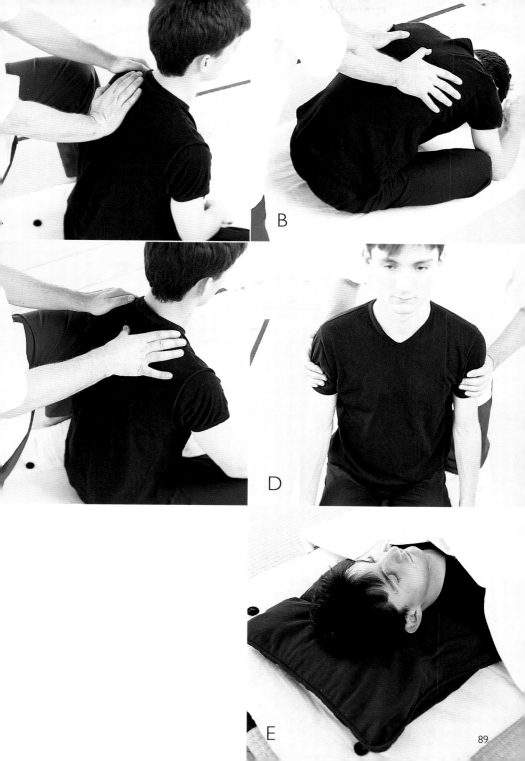

B

D

E

auto-shiatsu thérapeutique

LE MASSAGE GLOBAL PERMET UN RÉÉQUILIBRAGE DE L'ÉNERGIE DE LA PERSONNE DANS SON ENSEMBLE. POUR TRAITER LES TROUBLES ET AFFECTIONS COURANTES CERTAINS POINTS ET TSUBOS SONT PLUS INDIQUÉS QUE D'AUTRES. LA PLUPART DES PRESSIONS SUIVANTES SE PRATIQUENT EN AUTO-MASSAGE, MAIS POUR CERTAINS POINTS DIFFICILES D'ACCÈS, COMME CEUX DU DOS, VOUS DEVREZ DEMANDER L'AIDE DE QUELQU'UN.

• Les traitements indiqués soulagent beaucoup d'affections courantes, mais ils ne sauraient se substituer à un avis médical. De même, si les symptômes persistent, consultez votre médecin traitant pour établir un diagnostic précis ; lui seul sera à même de vous conseiller la démarche thérapeutique à suivre.

• Pratiquez en moyenne deux massages par jour et appuyez au minimum cinq à dix secondes sur chaque point.

N'oubliez pas de traiter les méridiens concernés lors d'une séance complète de shiatsu. Si vous n'avez pas de partenaire pour vous masser, pratiquez, en plus des auto-massages, les exercices de makkho-ho correspondants.

AUTO-SHIATSU CONTRE LA FATIGUE

LA FATIGUE, LE MANQUE D'ÉNERGIE, LA LÉTHARGIE SONT SOUVENT DUS AU STYLE DE VIE, AU STRESS, À L'ALIMENTATION…

COMME LES POUMONS SONT UNE GRANDE SOURCE DE KI, NOUS MASSERONS DES POINTS EN RAPPORT AVEC LEUR MÉRIDIEN. PRATIQUEZ ÉGALEMENT, SI POSSIBLE LE MATIN, LES EXERCICES MAKKO-HO DU MÉRIDIEN DES POUMONS.

LOCALISATION DES POINTS

Méridien du Vaisseau Conception

6 VC : à 1,5 travers de doigt sur la ligne médiane sous le nombril.

17 VC : au milieu du sternum, entre les deux mamelons.

Méridien du Poumon

1 P : à la partie supéro-externe de la paroi antérieure du thorax, entre la première et la deuxième côte.

PROBLÈMES DE FATIGUE ASSOCIÉS À LA DÉPRESSION

Ajoutez aux points précédents :

Méridien du Poumon

7 P : au-dessus de l'apophyse styloïde radiale, à 1,5 travers de doigt au-dessus du pli du poignet.

POINT COMPLÉMENTAIRE DES TRAITEMENTS PRÉCÉDENTS

Méridien de l'Estomac

36 E : à 3 travers de doigt au-dessous de la rotule et en dehors de la crête tibiale.

Ce point permet de stimuler globalement la circulation énergétique. C'est un point clé pour traiter la fatigue générale.

LES GESTES

Appliquez une pression continue pendant 10 secondes avec le bout des doigts et recommencez plusieurs fois.

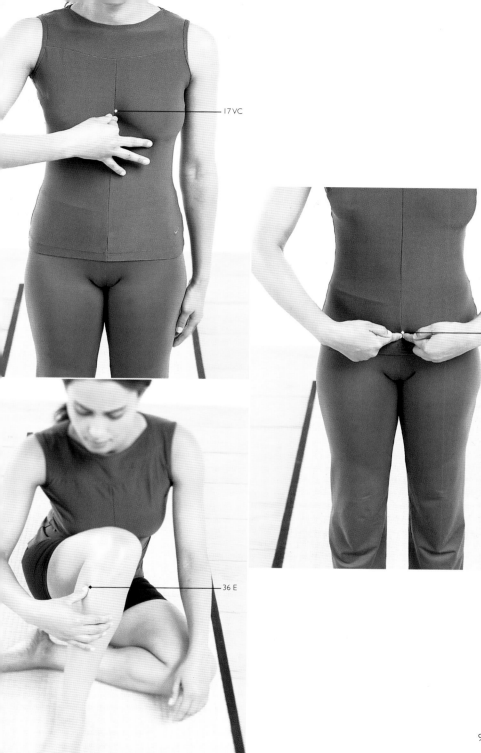

17 VC

6 VC

36 E

93

STRESS ET ANXIÉTÉ

CES TROUBLES SONT CONSIDÉRÉS EN SHIATSU COMME LES MANIFESTATIONS D'UN EXCÈS D'ÉNERGIE YANG, EN PARTICULIER DANS LES PARTIES HAUTES DU CORPS, AVEC UN DÉFICIT DE L'ÉLÉMENT TERRE. LE TRAITEMENT CONSISTE À RÉÉQUILIBRER LES FLUX DE YIN ET DE YANG ET À DISPERSER L'EXCÈS DE YANG. LES MÉRIDIENS DE L'ESTOMAC ET DE LA RATE SONT DONC À TRAITER MAIS AUSSI CEUX DU CŒUR, RESPONSABLE D'UN EXCÈS D'AGITATION, ET DU FOIE, LIÉ À LA NERVOSITÉ ET À L'ANXIÉTÉ.

LE STRESS PEUT ÉGALEMENT ENGENDRER DES TENSIONS DANS LES ÉPAULES ET LE HAUT DU DOS, ENTRAVANT LA CIRCULATION ÉNERGÉTIQUE DES MÉRIDIENS DE LA VÉSICULE BILIAIRE ET DU GROS INTESTIN.

STRESS AVEC MAUX DE TÊTE

Point Yintang entre les deux sourcils, à masser avec la pulpe de l'index.
C'est le point clé pour traiter ce type de problèmes. Il doit être massé en priorité et régulièrement. Ajoutez les points suivants :

Méridien de la Vésicule Biliaire

20 VB : à la base du crâne dans une dépression entre les muscles sterno-cléido-mastoïdiens et le trapèze.
21 VB : sur la bord antérieur du trapèze, entre la clavicule et le scapulum.

STRESS AVEC TROUBLES DIGESTIFS

Méridien du Vaisseau Conception

12 VC : à mi-distance entre le nombril et l'apophyse xiphoïde.
14 VC : à 6 travers de doigts au-dessus du nombril, sur la ligne médiane.
Appliquez une pression continue pendant 10 secondes avec le bout des doigts et recommencez plusieurs fois.

STRESS ET TENSIONS DANS LES ÉPAULES

Méridien de la Vésicule Biliaire

20 VB/21 VB : à la base du crâne et sur le haut des épaules.

POINTS COMPLÉMENTAIRES

Méridien du Foie

3F : sur le dessus du pied en avant de l'articulation des premier et deuxième orteils.
Ce point permet de mieux faire face au stress quotidien.

Méridien du Foie

1F : sur le gros orteil, près de l'angle interne de l'ongle.
2F : en arrière de la commissure des deux premiers orteils.
Ces points aident à calmer les excès de tension nerveuse.

Point Yintang

3 F
2 F
1 F

20 VB

21 VB

14 VC

12 VC

DÉPRESSION ET MANQUE DE DYNAMISME

EN TRAITEMENT COMPLÉMENTAIRE, CERTAINS POINTS PERMETTENT DE TRAITER LES SYNDROMES DÉPRESSIFS.

Méridien du Cœur

7 C : sur le bord supérieur du pisiforme sur le côté externe du tendon cubital.

Méridien Maître du Cœur

6 MC : à deux travers de doigt au-dessus du pli de flexion du poignet.

Méridien de la Rate

6 Rt : à 3 travers de doigts au-dessus de la pointe de la malléole interne.

Méridien Vaisseau Gouverneur

20 VG : sur le sommet du crâne au milieu de la ligne unissant les sommets des deux oreilles.

INSOMNIE

CERTAINS POINTS D'AUTO-SHIATSU SONT INDI-QUÉS DANS LE TRAITEMENT DES TROUBLES DU SOMMEIL.

Méridien du Cœur

7 C : sur le bord supérieur du pisiforme sur le côté externe du tendon cubital.

Méridien de l'Estomac

45 E : en arrière de la partie externe de l'ongle du deuxième orteil.

Méridien Vaisseau Conception

14 VC : sur la ligne médiane à 6 travers de doigts au-dessus du nombril.

Méridien Vaisseau Conception

4 VC : sur la ligne médiane à travers de doigts au-dessous du nombril

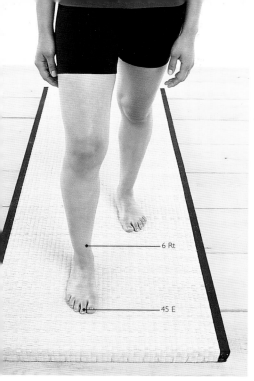

6 Rt

45 E

20 VG

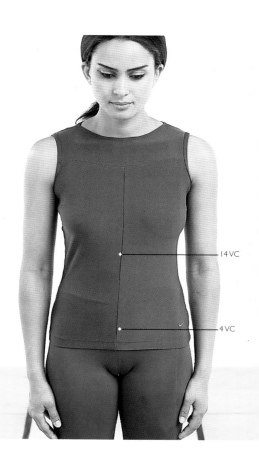

14 VC

4 VC

MIGRAINES

ON PEUT COMPLÉTER CES POINTS PAR CEUX DU STRESS OU DE LA FATIGUE.

CÉPHALÉES ET MIGRAINES FRONTALES

Méridien de la Vésicule Biliare
14 VB : à 1 travers de doigt au-dessus du milieu du sourcil.
Point Yintang : entre les deux sourcils.

Méridien du Gros Intestin
4 GI : au milieu d'un creux situé dans l'espace inter-métacarpien.

CÉPHALÉES ET MIGRAINES TEMPORALES

Méridien de la Vésicule Biliaire
20 VB : à la base du crâne.
Point Taiyang : au niveau de la zone temporale

Méridien du Triple Réchauffeur
5 TR : à 2 travers de doigt au-dessus du pli dorsal du poignet entre le radius et le cubitus.

CÉPHALÉES ET MIGRAINES OCCIPITALES

Méridien du Vaisseau Gouverneur
15 VG : sur la ligne médiane à la base du crâne.

Méridien de la Vessie
10 V : au bord externe du muscle trapèze en arrière du 15 VG.
60 V : entre le bord postérieur de la malléole externe et le tendon d'Achille.

CÉPHALÉE GLOBALE

Méridien du Vaisseau Gouverneur
15 VG
Point Yintang

Méridien du Gros Intestin
4 GI

Méridien du Triple Réchauffeur
5 TR

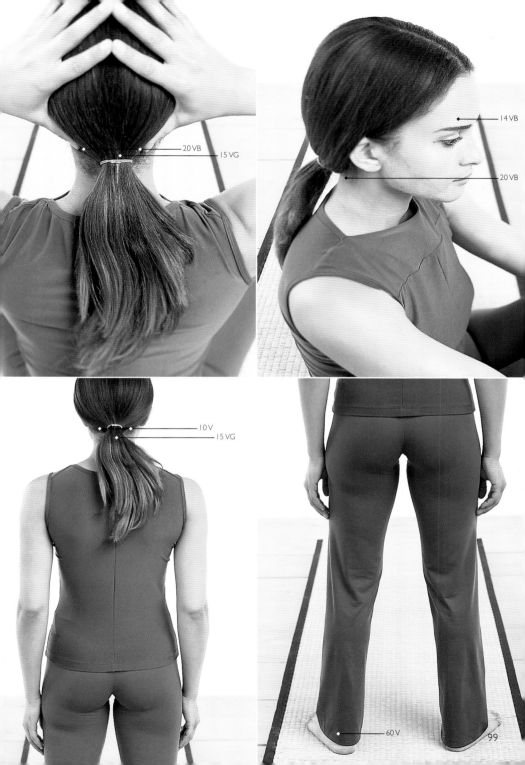

20 VB
15 VG

14 VB
20 VB

10 V
15 VG

60 V

99

PROBLÈMES RESPIRATOIRES ET ORL

POUR LE SHIATSU, LA MAJORITÉ DES PROBLÈMES RESPIRATOIRES SONT DUS À UN DÉFICIT ÉNER-GÉTIQUE AU NIVEAU DU MÉRIDIEN DES POUMONS, ASSOCIÉ À UNE INSUFFISANCE DU KI DE DÉFENSE RENDANT L'ORGANISME PLUS SENSIBLE AUX AGRESSIONS CLIMATIQUES ET INFECTIEUSES. LE TRAVAIL DU MÉRIDIEN DU GROS INTESTIN QUI LUI EST CORRÉLÉ REN-FORCERA LE TRAITEMENT DES TSUBOS SPÉCI-FIQUES. CERTAINS POINTS DU MÉRIDIEN DE LA VESSIE SERONT ÉGALEMENT MASSÉS.

AFFECTIONS RESPIRATOIRES SUPÉRIEURES

En cas de sinusite, coup de froid, rhume, mal de gorge.

Méridien de la Vessie

1 V : au-dessus de la commissure palpébrale de l'œil, près du bord interne de l'orbite.

2 V : dans un dépression située à l'extrémité interne du sourcil.

Méridien du Gros Intestin

20 GI : entre le bord externe de l'aile du nez et le sillon naso-labial.

Méridien du Triple Réchauffeur

23 TR : sur le bord externe de l'orbite, à l'ex-trémité externe du sourcil.

Méridien de l'Estomac

3 E : à l'intersection d'une ligne passant par la pupille de l'œil et le bord inférieur de l'aile du nez.

Tsubo Bitong : au milieu de l'aile du nez.

AFFECTIONS RESPIRATOIRES INFÉRIEURES

Bronchite, difficultés respiratoires, asthme.

Méridien Vaisseau Gouverneur

4 VG : au creux situé au-dessous de l'apophyse épineuse de la septième cervicale.

Méridien de la Vessie

14 V : à 1,5 travers de doigt de la ligne médiane sur l'horizontale de la cinquième vertèbre dorsale.

Méridien du Vaisseau Conception

17 VC

Tsubo Ding Chuan : à côté du 14 VG.

Massez de chaque côté, avec pression des pou-ces, le long de la colonne vertébrale, du point Ding Chuan à 14 V.

POINTS COMPLÉMENTAIRES

Pour renforcer l'action des précédents pour les deux types d'affections.

Méridien du Poumon

11 P : sur le côté radial du pouce en arrière de l'ongle.

10 P : au milieu de la face palmaire du premier métacarpien.

Méridien du Gros Intestin

4 GI

20 GI

23TR
2 V
I V
Tsubo Bitong

14 VG

14 V

101

PROBLÈMES DIGESTIFS

LES PROBLÈMES DIGESTIFS DU TYPE NAUSÉE ET INDIGESTION SONT SURTOUT DUS À UN DÉSÉQUILIBRE ÉNERGÉTIQUE AU NIVEAU DU MÉRIDIEN DE L'ESTOMAC ET DE LA RATE, ASSOCIÉ À L'ÉLÉMENT TERRE, EN RAPPORT AVEC L'ASSIMILATION DE LA NOURRITURE. LES MÉRIDIENS DU FOIE ET DE LA VÉSICULE BILIAIRE PEUVENT AUSSI ÊTRE MASSÉS EN CAS DE DIARRHÉE, D'INDIGESTION ET DE NAUSÉE. LES CONSTIPATIONS CONCERNENT DAVANTAGE LE MÉRIDIEN DU GROS INTESTIN.

POINTS GÉNÉRAUX

Méridien de l'Estomac

44 E : en arrière de la commissure entre le deuxième et le troisième orteil.

36 E, 34 E : à 2 travers de doigt au-dessus du bord supérieur externe de la rotule.

Massez le méridien de l'estomac en acupression du pouce sur les jambes en accentuant le travail sur les points cités ci-dessus.

Massez-vous le ventre en effectuant doucement des cercles, dans le sens des aiguilles d'une montre, puis exercez un point de pression sur la ligne centrale de l'abdomen entre le nombril et l'épigastre.

POINTS COMPLÉMENTAIRES

Méridien de la Vessie

17 V : à 1,5 travers de doigt de la ligne médiane sur l'horizontale de la septième vertèbre dorsale.

18 V : à l'horizontale de la neuvième dorsale.

19 V : à l'horizontale de la dixième dorsale.

20 V : à l'horizontale de la onzième dorsale.

21 V : à l'horizontale de la douzième dorsale.

Méridien du Maître du Cœur

6 MC : à 2 travers de doigt au-dessus du premier pli de flexion du poignet.

Point utile pour soulager les nausées.

CONSTIPATION

Méridien de l'Estomac

25 E : à 2 travers de doigt en dehors de l'ombilic. Exercez une pression simultanée avec vos index sur le point **25 E** situé de part et d'autre du nombril. Maintenez la pression 10 secondes et respirez calmement. Recommencez plusieurs fois. Massez les méridiens du foie et de la vésicule biliaire situés sur le côté du corps.

DIARRHÉES

Méridien de la Rate

3 Rt : sur le bord interne du pied en arrière de la tête du premier métatarsien.

4 Rt : dans une dépression située en avant et en bas de la base du premier métatarsien.

Points spécifiques situés sur le méridien de la rate au niveau de la face interne du pied.

Méridien de la Vessie

25 V : à 1,5 travers de doigt de la ligne médiane sur l'horizontale de la quatrième vertèbre lombaire

30 V : à 1,5 travers de doigt de la ligne médiane sur l'horizontale passant par le quatrième trou sacré postérieur.

Ces deux points situés dans le bas du dos permettent un rééquilibrage du transit intestinal.

17V
18V
19V

25V

30V

25 E

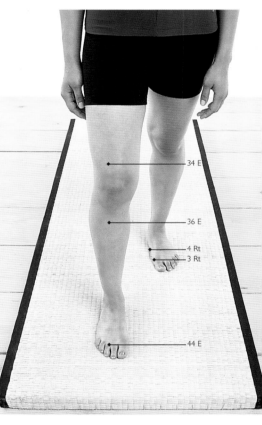

34 E

36 E

4 Rt
3 Rt

44 E

PROBLÈMES OSTÉO-ARTICULAIRES

LES PROBLÈMES OSTÉO-ARTICULAIRES PEUVENT PROVENIR D'UNE MALADIE RHUMATISMALE CHRONIQUE OU D'UNE LÉSION ARTICULAIRE À LA SUITE PAR EXEMPLE D'UN TRAUMATISME. LE SHIATSU SERA EFFICACE POUR SOULAGER LES DOULEURS LIÉES À CES DIFFÉRENTS PROBLÈMES. TOUTEFOIS, SI LE TRAUMATISME EST RÉCENT, ÉVITEZ TOUT MASSAGE DIRECT SUR LA ZONE SENSIBLE. REPÉREZ LE OU LES MÉRIDIENS CONCERNÉS ET EFFECTUEZ LE SHIATSU EN AMONT ET EN AVAL DE LA BLESSURE.

Les points de traitement concerneront les méridiens du foie et de la vésicule biliaire, liés à l'élément Bois, aux muscles et tendons. La structure osseuse proprement dite sera en rapport avec les méridiens des reins et de la vessie, liés à l'élément Eau.
Les exercices Makko-ho de ces différents méridiens seront également très utiles.

TRAITEMENT DES AFFECTIONS ARTICULAIRES

Méridien de la Vésicule Biliaire
40 VB : en avant et en bas de la malléole externe.
34 VB : dans une dépression située en avant et en bas de la tête du péroné.
30 VB : au tiers externe de la ligne unissant le sommet du grand trochanter du fémur au hiatus du canal sacré.

Méridien de la Vessie
11 V : à 1,5 travers de doigt de la ligne médiane, sur l'horizontale de la première vertèbre dorsale.
Ce point est utile pour renforcer la structure osseuse, en particulier dans les cas d'ostéoporose, d'arthrite et d'arthrose.

Pour les problèmes de genoux, il est recommandé de demander à un partenaire de masser les zones situées autour des points douloureux ainsi que les méridiens interne et externe de la jambe et de la cuisse pour favoriser une meilleure circulation énergétique autour de l'articulation.

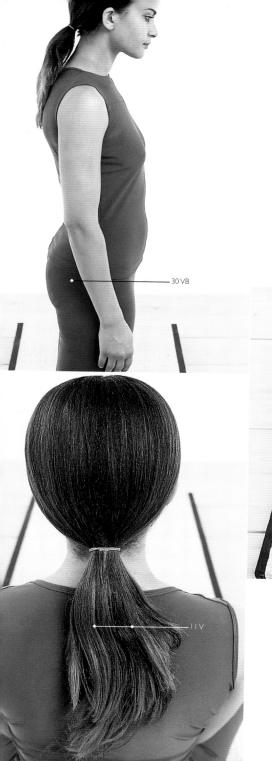

30 VB

11 V

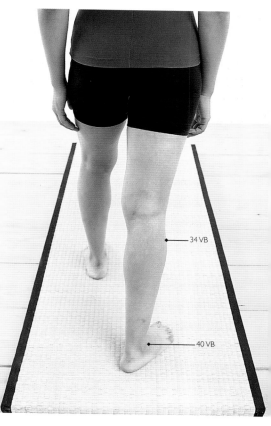

34 VB

40 VB

105

PROBLÈMES URINAIRES

LA MAJORITÉ DES PROBLÈMES URINAIRES SONT DUS À UN DÉSÉQUILIBRE DES MÉRIDIENS DES REINS ET DE LA VESSIE. TOUTEFOIS, DES AFFECTIONS URINAIRES, DES CYSTITES À RÉPÉTITION PEUVENT TÉMOIGNER ÉGALEMENT D'UNE INSUFFISANCE DU KI DE DÉFENSE DE L'ORGANISME OU D'UNE FAIBLESSE DU MÉRIDIEN DE LA RATE.

TRAITEMENT DES AFFECTIONS URINAIRES

Méridien de l'Estomac
29 E : à 4 travers de doigt au-dessous du E 25.

Méridien du Vaisseau Conception
3 VC : 4 travers de doigt sous le nombril.
Ces deux points permettent de stimuler et de réguler l'ensemble du tractus urinaire.

Méridien de la Vessie
27 V : à 1,5 travers de doigt de la ligne médiane au même niveau que la premier trou sacré postérieur.
28 V : à 1,5 travers de doigt de la ligne médiane au même niveau que le deuxième trou sacré postérieur.
29 V : à 1,5 travers de doigt de la ligne médiane au même niveau que le troisième trou sacré.
30 V : à 1,5 travers de doigt de la ligne médiane au même niveau que le quatrième trou sacré postérieur.
Demandez à un partenaire de vous masser symétriquement ces points du dos sur le méridien de la vessie. Ils auront pour effet de soulager toute douleur liée aux problèmes urinaires. Ajoutez le point 60 V, situé dans le creux rétro-malléolaire externe.

POINT COMPLÉMENTAIRE

Pour renforcer l'action des points précédents.
Méridien de la Rate
6 Rt : à 3 travers de doigt au-dessus de la pointe de la malléole interne au bord postérieur du tibia.
Au carrefour des méridiens Yin de la rate, des reins et du foie, ce point aura une action régulatrice sur toute la circulation énergétique du pelvis et du petit bassin.
Évitez le massage de ce point si vous êtes enceinte.

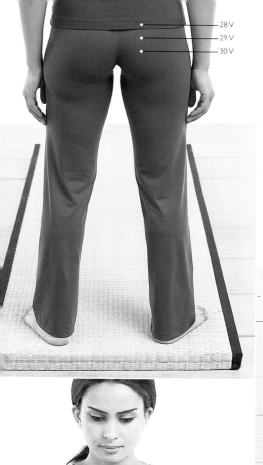

28 V
29 V
30 V

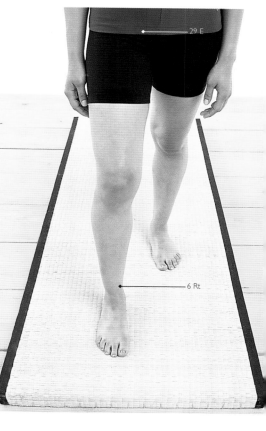

29 E

6 Rt

3 VC

PROBLÈMES GÉNITAUX ET APPAREIL REPRODUCTEUR

LES MÉRIDIENS DE LA RATE, DU FOIE ET DES REINS GOUVERNENT CES FONCTIONS AUSSI BIEN CHEZ L'HOMME QUE CHEZ LA FEMME.

POINTS GÉNÉRAUX

Méridien de la Rate : 6Rt
C'est le point clé pour traiter ce type de problème ; il doit être massé en priorité et régulièrement.

IMPUISSANCE

Méridien Vaisseau Conception : 4 VC

Méridien des Reins
3 R : au milieu de la ligne reliant la pointe de la malléole interne au tendon d'Achille.

Méridien de l'Estomac 36 E :

Méridien de la Vessie
23 V : à 1,5 travers de doigt de la ligne médiane sur l'horizontale de la deuxième vertèbre lombaire.
52 V : à 3 travers de doigt sur l'horizontale passant par l'apophyse épineuse de la deuxième vertèbre lombaire.

SYNDROME PRÉMENSTRUEL

Méridien de la Vessie
32 V : au niveau du deuxième trou sacré, au dessous de 31 V.
Demandez à un partenaire de vous masser symétriquement ces points du dos situés sur le méridien de la vessie.

Méridien du Vaisseau Conception
4 VC, 6 VC : situés sur la ligne médiane sous le nombril.

Méridien du Foie
2 F, 3 F : au niveau des pieds.

RÉGULER LES MENSTRUATIONS

Méridien de la Rate
10 Rt : à 2 travers de doigt au-dessus du bord interne de la rotule.
6 Rt, 1 Rt : en arrière de l'angle unguéal interne du gros orteil.

Méridien des Reins
1 R : dans le creux situé aux deux tiers de la plante du pied.
6 R : dans la dépression qui se trouve à 1 travers de doigt au-dessous de la pointe de la malléole interne.
7 R : à 2 travers de doigt au-dessus du 3 R.

MÉNOPAUSE

Méridien du Cœur
6 C : à 0,5 travers de doigt au-dessus du 7 C.

Méridien du Vaisseau Conception : 4 VC, 6 VC

Méridien de la Rate : 6 Rt

Méridien des Reins : 6 R, 7 R

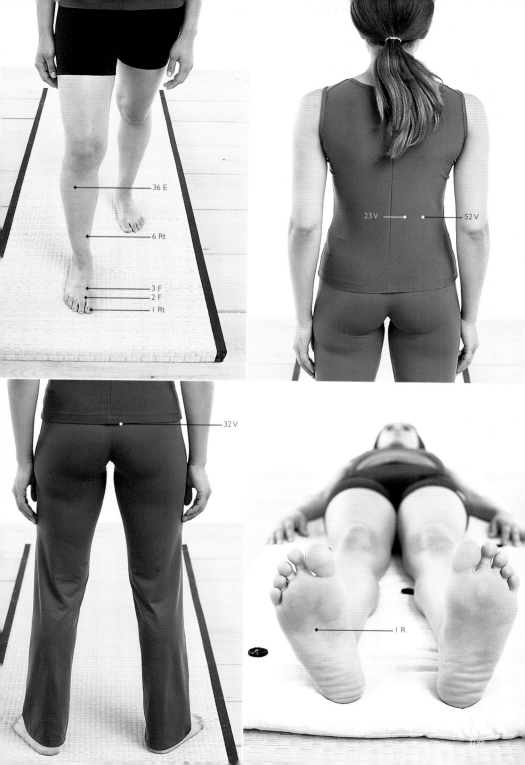

36 E

6 Rt

3 F
2 F
1 Rt

23 V   52 V

32 V

1 R

PROBLÈMES DE DOS

LES PROBLÈMES DE DOS FIGURENT PARMI LES PATHOLOGIES LES PLUS FRÉQUENTES. L'ORIGINE DES TROUBLES EST SOUVENT UN MAUVAIS MAINTIEN, SURTOUT LORS D'EXERCICES PHYSIQUES OU DU SOULÈVEMENT D'UNE CHARGE. LE SHIATSU S'AVÈRE UTILE POUR SOULAGER LES TENSIONS SITUÉES DANS CETTE ZONE, MAIS SOYEZ PRUDENT ET ADAPTEZ SOIGNEUSEMENT LA PUISSANCE DES PRESSIONS.

Lorsque les lombalgies deviennent chroniques, on invoquera en shiatsu une faiblesse du Ki au niveau des reins.

Le traitement complémentaire des méridiens de la vessie massés par pression des pouces le long du dos et des points du Vaisseau Gouverneur aidera à soulager les douleurs. En cas de sciatalgie aiguë, évitez de masser directement la zone douloureuse. Préférez les pressions à distance sur les points du méridien des reins et de la vessie pour mettre en mouvement l'énergie.

La sciatique nécessite un traitement médical, mais l'acupression de certains points pourra souvent soulager la douleur.

PROBLÈMES DE DOS

Méridien du Vaisseau Gouverneur

26 VG : situé sous le nez aux deux tiers du sillon sous-nasal.

Exercez une pression avec votre index sur ce point situé au centre du bord supérieur de la lèvre supérieure.

Méridien de la Vessie

40 V : au milieu du pli de flexion du creux poplité.

60 V

62 V

Méridien des Reins : 3 R

La stimulation de ces points est très efficace pour renforcer l'énergie du dos et soulager les douleurs.

EN CAS DE SCIATIQUE

Massage du méridien de la vésicule biliaire sur la face externe de la jambe et de la cuisse, du point 30 au point 40.

POINT COMPLÉMENTAIRE

Méridien de l'Intestin Grêle

3 IG : situé à 1 travers de doigt au-dessus de l'articulation métacarpo-phalangienne de l'auriculaire.

Ce point a une action relaxante globale sur les muscles du dos et de la nuque.

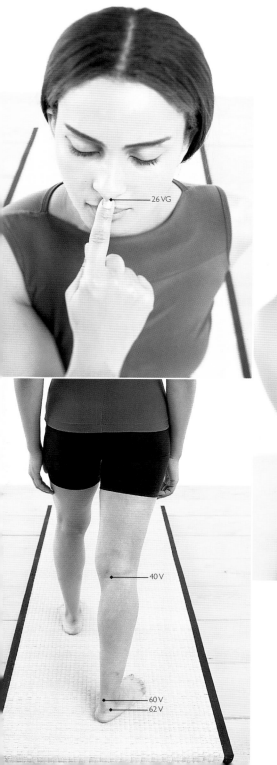

26 VG

40 V

60 V
62 V

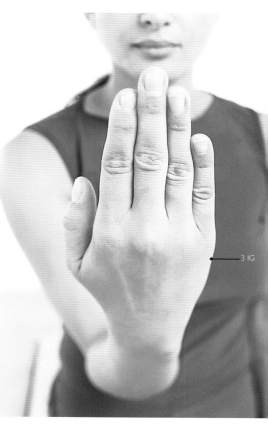

3 IG

PROBLÈMES DES YEUX ET DES OREILLES

LES PROBLÈMES DES YEUX ET DES OREILLES, SURTOUT LORSQU'ILS SONT CHRONIQUES, REQUIÈRENT UN TRAITEMENT MÉDICAL. LE SHIATSU SERA DAVANTAGE UNE THÉRAPIE COMPLÉMENTAIRE, POUR FACILITER LA CIRCULATION ÉNERGÉTIQUE AU NIVEAU DE CES ORGANES, DE LA TÊTE, DU COU ET DES MÉRIDIENS ASSOCIÉS À L'ÉLÉMENT BOIS. DES POINTS SPÉCIFIQUES AINSI QUE LE TRAITEMENT COMPLET DE CES MÉRIDIENS POURRONT ÊTRE TRÈS UTILES.

LES TROUBLES DES OREILLES SONT DAVANTAGE EN RAPPORT AVEC L'ÉLÉMENT EAU ET LES MÉRIDIENS DES REINS ET DE LA VESSIE QUE L'ON TRAITERA DANS LEUR ENSEMBLE.

PROBLÈMES DES YEUX

Méridien de la Vésicule Biliaire
20 VB : à l'arrière du crâne, de chaque côté. Appliquez le centre de vos paumes sur chaque œil pendant une à deux minutes.
Appliquez ensuite une pression continue pendant 10 secondes avec le bout des doigts ; recommencez plusieurs fois.

Méridien de la Vessie
I V : près du bord interne de l'orbite.

Méridien du Triple Réchauffeur
23 TR : sur le bord externe de l'orbite, à l'extrémité externe du sourcil.

Méridien de la Vésicule Biliaire
I VB : à l'angle externe de l'œil.

Méridien de l'Estomac
2 E : dans une dépression située au niveau du trou sous-orbitaire.
Ces points du visage sont à presser délicatement avec la pulpe de l'index.

20 VB

23 TR
VB
2 V
I V

2 E

AUTO-SHIATSU ANTI-ÂGE DU VISAGE

CET AUTO-MASSAGE, DRAINANT ET REVITALISANT, DU VISAGE EST CONNU AU JAPON DEPUIS DES SIÈCLES POUR CES NOMBREUSES VERTUS. PRATIQUÉ RÉGULIÈREMENT, IL STIMULE LES MUSCLES FACIAUX, PROCURE UNE PROFONDE DÉTENTE, AMÉLIORE LA CIRCULATION SANGUINE ET PRÉVIENT LES RIDES. EXERCEZ LES PRESSIONS DES DOIGTS À SEC OU AVEC UNE CRÈME DE SOIN HYDRATANTE.

Commencez par le shiatsu des yeux. Couvrez vos yeux avec vos mains pour appliquer une faible pression du bout des doigts sur les paupières supérieures.

Placez quatre doigts de chaque main sur la partie inférieure de l'œil que vous étirez doucement vers le bas.

Placez quatre doigts de chaque main sur la zone des tempes, pouces en contact avec la mâchoire et pratiquez des petits cercles avec les doigts, dans un sens puis dans l'autre.

Avec le pouce et l'index placés sur les côtés de vos narines, pressez deux ou trois fois la partie interne de l'orbite.

Couvrez à nouveau vos yeux avec vos doigts et appliquez une pression douce de 3 à 5 secondes comme dans le premier exercice.

Massez le nez en plaçant quatre doigts de chaque main de chaque côté des narines ; exercez une pression vers l'intérieur pendant 5 secondes et relâchez lentement.

Pratiquez des cercles du bout des doigts sur les pommettes, puis exercez de légères tractions vers le haut du visage.

Massez l'arrière de la nuque en pressant les muscles avec chacune de vos mains entre le pouce et l'index. Appliquez ensuite des pressions avec vos deux pouces sur toute la base du crâne en direction du centre de la tête.

Placez vos mains sur les côtés de votre tête comme pour couvrir vos oreilles et massez du bout des doigts tout le côté de la tête, où se trouve notamment le méridien de la vésicule biliaire. Placez ensuite vos pouces au niveau de la protubérance occipitale et vos doigts sur le côté de la tête ; massez l'arrière de la tête avec le bout de vos doigts du centre jusqu'aux oreilles.

Placez vos doigts près des tempes et massez les joues avec le talon des paumes.

Placez ensuite vos doigts sur l'arrière de la tête, les talons de vos paumes sur les côtés pour presser la tête avec vos deux mains.

Relâchez la pression puis déplacez vos mains vers le bas en gardant la même position en direction des oreilles, et répétez l'exercice.

12

Placez vos mains au niveau de l'oreille, pincez légèrement l'oreille entre l'index et le majeur et frottez le pavillon doucement vers le bas.

13

Placez les extrémités de vos doigts sous les mâchoires et pressez-les délicatement vers le haut du visage.

14

Placez ensuite votre pouce d'un côté du cou, les autres doigts de l'autre côté, dans la zone de la thyroïde, et massez cette région en descendant vers les clavicules.

Terminez le massage du visage par une détente des épaules en massant le haut du trapèze d'un côté avec les pouces et les doigts de la main opposée, puis en inversant la position.

Vous pouvez également appliquer des serviettes chaudes sur les diverses zones du visage que vous avez massées.

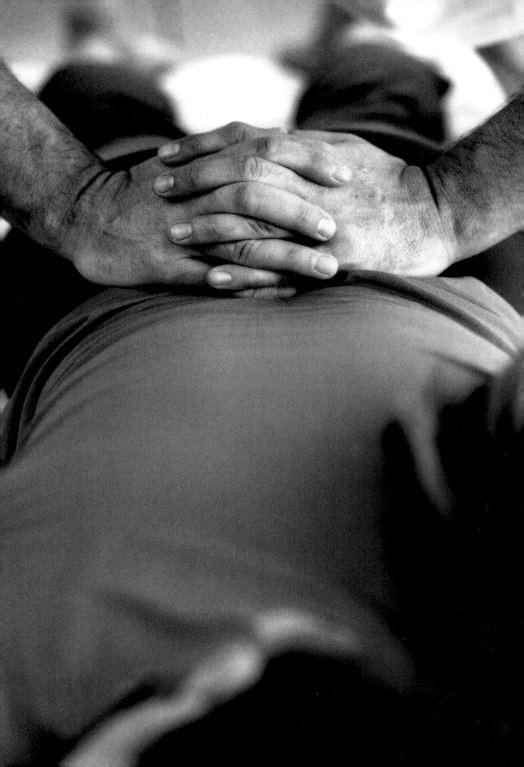

annexes

**Méridiens du Poumon, du Maître Cœur,
du Cœur, du Triple Réchauffeur,
du Gros Intestin et de l'Intestin Grêle**

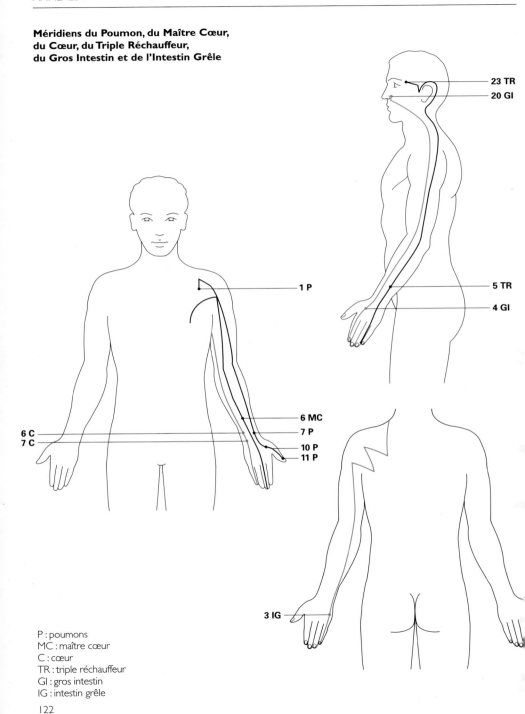

23 TR
20 GI
1 P
5 TR
4 GI
6 MC
7 P
6 C
7 C
10 P
11 P
3 IG

P : poumons
MC : maître cœur
C : cœur
TR : triple réchauffeur
GI : gros intestin
IG : intestin grêle

Méridiens de l'Estomac et de la Rate

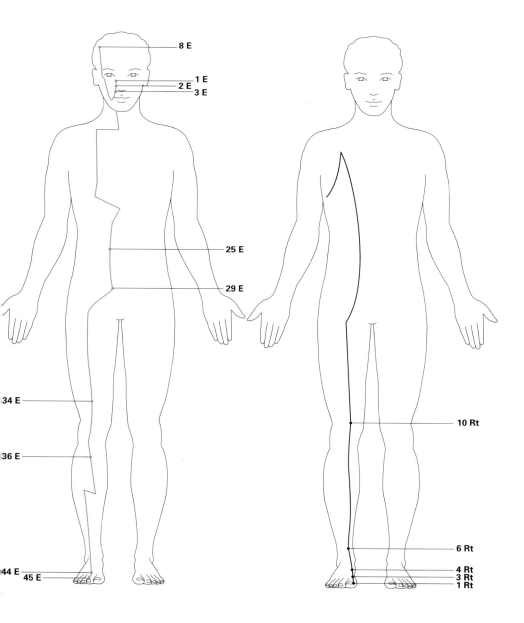

8 E

1 E
2 E
3 E

25 E

29 E

34 E

36 E

10 Rt

6 Rt

44 E
45 E

4 Rt
3 Rt
1 Rt

E : estomac
Rt : rate

Méridien de la Vessie

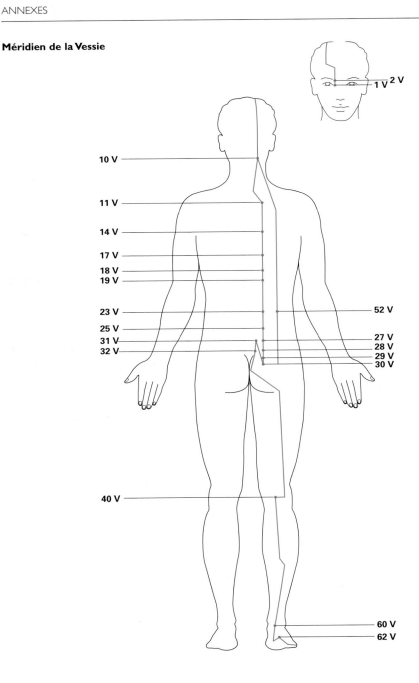

1 V 2 V

10 V

11 V

14 V

17 V

18 V

19 V

23 V   52 V

25 V

31 V   27 V

32 V   28 V

                        29 V

                        30 V

40 V

                        60 V

                        62 V

V : vessie

Méridien des Reins

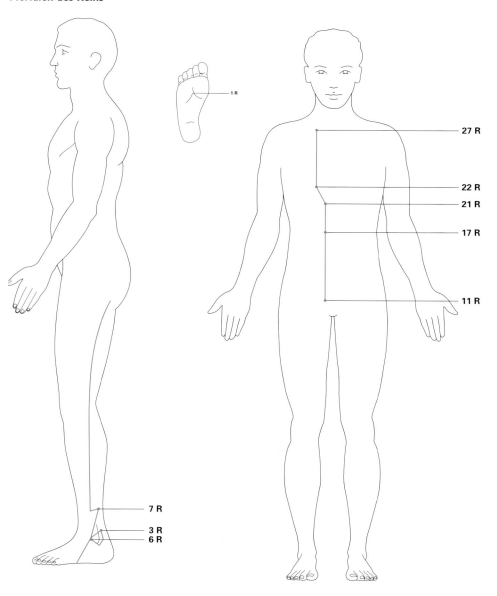

27 R

22 R
21 R

17 R

11 R

1 R

7 R

3 R
6 R

R : reins

Méridiens de la Vésicule Biliaire et du Foie

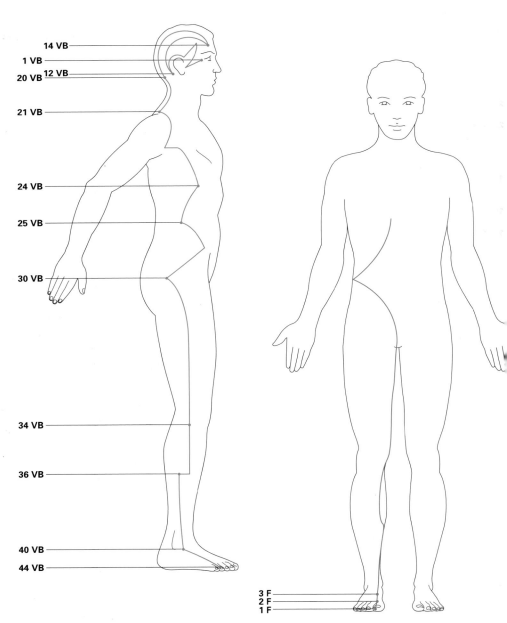

14 VB
1 VB
20 VB 12 VB
21 VB
24 VB
25 VB
30 VB
34 VB
36 VB
40 VB
44 VB

3 F
2 F
1 F

VB : vésicule biliaire
F : foie

**Méridiens du Vaisseau Conception
et du Vaisseau Gouverneur**

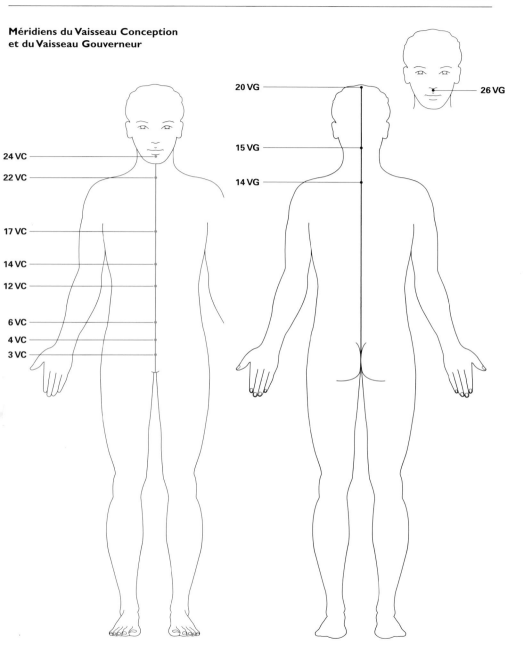

24 VC

22 VC

17 VC

14 VC

12 VC

6 VC

4 VC

3 VC

20 VG

26 VG

15 VG

14 VG

VC : vaisseau conception
VG : vaisseau gouverneur